Pensar com as mãos

Pensar com as mãos
Marília Garcia

wmf martinsfontes

© 2025, Marília Garcia
© 2025, Editora WMF Martins Fontes Ltda., São Paulo, para a presente edição.

Todos os direitos reservados. Este livro não pode ser reproduzido, no todo ou em parte, armazenado em sistemas eletrônicos recuperáveis nem transmitido por nenhuma forma ou meio eletrônico, mecânico ou outros, sem a prévia autorização por escrito do editor.

1ª edição 2025

Coordenação
Joca Reiners Terron
Acompanhamento editorial
Diogo Medeiros
Preparação
Cristina Yamazaki
Revisão
Cássia Land e Isadora Prospero
Produção gráfica
Geraldo Alves
Diagramação
Renato Carbone
Capa e projeto gráfico
Luciana Facchini
Crédito das imagens da página 113
"Poema", 1979, de Lenora de Barros
impressão jato de tinta sobre papel algodão
139,7 × 29,8 cm
Cada imagem: 22,2 × 29,8cm
Publicado em 1981 na revista Zero à Esquerda e em 1983 no primeiro livro da artista, Onde Se Vê.
Registro fotográfico: Fabiana de Barros

Dados Internacionais de Catalogação na Publicação (CIP)
(Câmara Brasileira do Livro, SP, Brasil)

Garcia, Marília
 Pensar com as mãos / Marília Garcia. – São Paulo : Editora WMF Martins Fontes, 2025. – (Errar melhor)

ISBN 978-85-469-0709-0

1. Autoria – Aspectos sociais 2. Criação (Literária, artística etc.) 3. Ensaios 4. Escrita (Autoria) 5. Textos – Produção I. Título. II. Série.

24-245564   CDD-808.02

Índice para catálogo sistemático:
1. Criação : Escrita : Literatura 808.02

Eliete Marques da Silva – Bibliotecária – CRB-8/9380

Todos os direitos desta edição reservados à
Editora WMF Martins Fontes Ltda.
Rua Prof. Laerte Ramos de Carvalho, 133   01325-030   São Paulo   SP   Brasil
Tel. (11) 3293-8150   e-mail: info@wmfmartinsfontes.com.br
http://www.wmfmartinsfontes.com.br

Sumário

Nota da autora 7

Contra a poesia, contra o coração 9
In medias res 11
Poesia é som, poesia é ritmo 21
A experiência do poema 25
Fui dar em Iași 29
Quem está falando? 33
Contra a poesia, contra o coração 43
"*Machine à émouvoir*" 47
Poesia tem que ter estrela? 53
E flores? (Cultivando o jardim) 57
Palavras: "garoa" 61
Palavras: "choração" 65
Sonho "coletiva" 67
É preciso desentropiar a casa [metáforas] 71
Fábrica de imagens 75

Inventário das destruições (arte poética) 81

Escrever com uma tesoura 93
Escrever com uma tesoura 95
Quase poesia 101
Três artistas: entre texto e fotografia 105
Três mulheres. Três Ls 111
A rua deserta e dentro de casa 117
Bonecas russas (restrições e comandos) 121
Em uma ilha de edição 125

Diálogos **139**
Isto é só um *happening*. Acaba quando eu me for embora
(Adília Lopes) **141**
País dos caracóis (homenagem a Chico Alvim) **147**
Ao som da agulha de Ledusha **151**
Doppler, eco (Ben Lerner) **157**
Hélas (Baudelaire) **161**
Pelos olhos de Flush (Virginia Woolf) **165**
A luz, uma tampinha de garrafa (Hilda Hilst) **169**
Continuar, continuar (Ana Estaregui) **173**
Rabo de baleia (Alice Sant'Anna) **179**
Um recado na secretária eletrônica (para Victor Heringer) **187**

Abrindo a escotilha, fechando a cidadela **191**
Abrindo a escotilha, fechando a cidadela **193**
Um leão por dia **197**
Como o chocolate, a poesia **201**
Algo de bom no mundo da poesia **205**
Escavar e recordar **211**
Atrasos **215**
"Déjala llorar" **219**
Trabalhar para não fragmentar **223**

É bom morar no azul **227**

Referências bibliográficas **239**
Agradecimentos **255**

Nota da autora

Um livro é feito de muitos tempos, vozes, conversas. De velocidades diferentes. Este aqui nasceu do convite de Joca Reiners Terron e Diogo Medeiros para integrar a coleção Errar Melhor, da editora WMF Martins Fontes, dedicada à publicação de ensaios sobre escrita. Ao reunir e rever textos já publicados em revistas, jornais e sites, fui aos poucos reescrevendo, alinhando questões afins, recompondo escritos e buscando dar uma segunda mão ao todo. Durante o processo, achei importante manter certo ar do tempo que perpassa o livro, como a menção, em determinados momentos, a fatos específicos.

Os textos aqui reunidos abrangem mais de uma década — embora muitos estejam concentrados entre 2018 e 2023 — e busquei dividi-los em seis seções. A poesia aparece sempre como um eixo ou uma lente para a leitura, mas muitas vezes toca as pontas em outras formas e lugares, e isso também determinou a divisão que estabeleci. A primeira seção, "Contra a poesia, contra o coração", aborda questões mais específicas do poema: como se escreve, como se lê, alguns tópicos formais (palavras, metáfora, imagem, som, ritmo) etc. "Inventário das destruições", a segunda seção, é uma espécie de arte poética dos contemporâneos ao indagar como artistas e escritores lidam com o gesto de destruir ou perder o próprio trabalho. A terceira seção, "Escrever com uma tesoura", remete a alguns procedimentos que aproximam a escrita da poesia de certo pensamento mais conceitual e híbrido e de uma forma porosa. A quarta seção, "Diálogos", busca ler mais detidamente poetas, escritores e artistas em resenhas e textos analíticos. "Abrindo a escotilha, fechando a cidadela" é a quinta seção e reúne leituras que apontam para fora: o valor do poema, relações entre vida e escrita etc. E, por fim, "É bom morar no azul", a sexta seção, é o ensaio que encerra o livro e que encena algumas questões levantadas aqui.

Uma última observação de ordem prática: nos momentos em que cito poemas de outras línguas, mas na bibliografia o livro remete ao original, a tradução é minha.

Boa leitura!

Contra a poesia, contra o coração

In medias res

E já que estamos no começo do livro, queria começar falando de *começos*.

Como se começa um poema, uma página, um capítulo? Gosto de pensar que o começo é um encontro, como este aqui, em que leitora e leitor se dispõem a dar uma espiada no caminho para ver aonde ele vai. Começar é estender os braços e fazer um gesto com as mãos: vamos? Começar é escolher uma palavra que vai inventar um mundo.

O começo de um poema é um convite para chegarmos perto, para entrarmos numa onda ou numa órbita:

e aqui começo e meço aqui este começo

– sempre ouço o eco de Haroldo de Campos ao inaugurar poundianamente o poema longo *Galáxias* com um "e" que abre a porta e nos lembra outro poema sobre origem, talvez mais cético, mas que começa também com essa mesma partícula:

E como eu palmilhasse vagamente
uma estrada de Minas pedregosa

diz Carlos Drummond de Andrade em "A máquina do mundo", mostrando com o "e" do início que havia alguma coisa antes, insinuando que a origem é algo que pode ser criado. Ou que pede sempre um recomeço, como nos versos iniciais da música cantada por Paulinho da Viola (que abre seu disco de 1975), uma forma de começar pelo final:

> E a vida continua
> Esse é o dito que todo mundo proclama

Há tantos começos impactantes que imagino, às vezes, uma antologia só de começos, e que abriria com este aqui, de Adília Lopes, do poema "Arte poética", tão simples, mas cheio de implicações:

> Escrever um poema
> é como apanhar um peixe
> com as mãos

Gosto de como ela aproxima a escrita de um gesto feito com as mãos, uma ação material e artesanal: apanhar um peixe em movimento, pegar alguma coisa no ar, ligar um botão de rádio que faça tocar uma voz e que nos tire do lugar.

Mas o que viria a seguir?

Sei que não faria muito sentido uma antologia só de começos, afinal uma das qualidades de um bom começo é despertar a curiosidade para o que vem depois. Mas de todo modo seria uma antologia imaginária, que estaria sempre recomeçando, uma coleção de começos. Que teria ainda um começo de Anna Akhmátova, contendo uma cena congelada que diz tanto com tão pouco (e que traz a ideia de que havia alguma coisa antes, de que a cena não começa ali, e sim bem antes):

Apertei as mãos sob o xale escuro.
"Por que estás tão pálida?"

* * *

Então, começo de novo, desta vez com uma anedota.

Paul McCartney conta que, durante a composição de suas letras, depois de ter uma primeira versão já pronta, ele costuma cortar a canção no meio e deslocar a segunda metade para o início. Com esta inversão, as canções sempre começam lá no alto, no meio do caminho.

Don't let me down...

* * *

Agora um começo para a filosofia – e que traz também essa ideia de alguma coisa já começada, *in medias res*.

Deleuze faz uma distinção entre dois tipos de esporte. Um deles precisaria de um impulso inicial, um ponto de apoio (e de origem) e teria um começo bem demarcado e explosivo: a corrida, o lançamento de peso etc.

O outro tipo de esporte começaria a partir de um movimento preexistente, como o surfe ou a asa-delta: deve-se entrar numa onda (de água ou de ar) já em movimento. O começo, neste caso, é um corte, um *entre*. Como na *arte poética* de Paul McCartney.

* * *

Para começar, escolha ao acaso uma palavra, qualquer palavra – "um substantivo é fácil", diz a poeta Bernadette Mayer em sua lista de "Experiências", texto com exercícios de escrita. Ela sugere pensar livremente a partir dessa palavra escolhida e depois tomar notas, escrever tudo o que puder sobre determinado termo. O poema começa de dentro dessas notas.

Escolha uma palavra como "maçã" e faça o poema vermelho, crocante, adocicado.

Escolha uma palavra como "tempestade" e faça transbordar o poema.

Ou uma palavra como "porta" e a coloque na ponta do poema, para fazer dele um lugar de travessia.

* * *

Escolha uma palavra, que tal a palavra "mão"?

Olho para o movimento do lápis entre os dedos, eles inscrevem um começo: a mão no ato de pensar, de caminhar lentamente, cada mínimo centímetro se mexendo em consonância, os músculos levando artérias, ossos, pele, objetos, pensamentos – penso no ritmo das mãos sobre o teclado buscando uma imagem, buscando a palavra, tentando ligar uma palavra a outra e produzir algum sentido. Com mãos de marinheira ou mãos de carpinteira, com mãos de pianista ou mãos de cozinheira, mãos de rezadeira, mãos de costureira ou mãos de cirurgiã, mãos que se apropriam da forma do objeto e o modelam enquanto se moldam a ele, a massa-de-letras se formando entre os dedos, mãos que pegam uma palavra como "sol", aquecem o poema e aquecem a si mesmas criando um sistema de signos e astros, mãos que desenham a si mesmas no ato de desenhar, mãos que lentamente conversam com outras mãos. De mão em mão.

* * *

Agora, o começo da poesia.
Para mim, foi pelo telefone. E por engano.

Não me refiro ao começo da *escrita*, que ocorreu bem mais tarde, mas o começo da *escuta*, isto é, meu começo como "leitora" (ou melhor, como *ouvinte*). Quando eu era pequena, o telefone lá de casa era cinza, daqueles de discar, e tinha um gancho preso à base por um fio em espiral. Um belo dia, minha mãe descobriu por engano uma secretária eletrônica que tinha como mensagem um poema do Drummond numa gravação feita pelo próprio poeta – e a mensagem trazia, é claro, o chiado da agulha do LP espessando ainda mais a melancolia daquela voz. A cada mês, trocavam o recado da secretária eletrônica, gravando um novo poema ou pedaço de poema, até terem tocado o disco inteiro nas gravações. E, a cada mês, minha mãe discava o número e me dava o fone para ouvir a máquina do poema se entreabrindo ali pela escuta, pelo tom lento, comovido e comovente. Depois do bipe ao fim da mensagem, desligávamos o telefone. Nunca soubemos de quem era aquele número e todas as vezes quem atendia era a voz de Drummond.

* * *

Drummond tem tantos começos, "E agora, José?", "João amava Teresa", "Quando nasci", "No meio do caminho tinha uma pedra", tantos começos que se espalham pelo nosso dia a dia se transformando quase em frases anônimas, que vão virando uma espécie de domínio público, em livros e citações, mas também chegando pelo telefone, circulando pelas telas, tantos versos presentes no estoque de frases da língua que ecoam em nossos ouvidos. *In medias res.*

* * *

Como era mesmo aquele começo que dizia que a poesia podia pausar o tempo?

Ou melhor, ele já começava pausando o tempo e deixando tudo em suspenso. Prendo a respiração tentando encontrar os versos, saber onde li, achar o começo, mas não encontro. Em vez disso, encontro outro, sobre as mãos, sobre o mundo, um poema de Ron Padgett, que copio aqui, "Paul Eluard":

> Paul Eluard disse,
> "Há outro mundo
> mas está dentro deste"
> ou algo semelhante.
> Eu diria:
> "Tudo é suficientemente estranho
> tal como é"
> ou algo semelhante.
> A minha escrita à mão, por exemplo,
> e a minha mão a escrever.
> Mão, diz olá a Paul Eluard.

* * *

Agora uma anedota. Minha amiga contou que estava escrevendo um poema em colaboração com uma artista visual. Ela escreveria o poema, a artista faria uma pintura para o poema. Eu me mostrei bastante entusiasmada com o processo das duas e disse que achava as áreas muito afins – *a poesia é como a pintura, a pintura como a poesia*. Ela me olhou com uma cara risonha e disse: "Quer dizer que você escreve com tinta?"

Sim, eu acho que a gente escreve com tinta. Mas também acho que ela, poeta, e a amiga, artista, vivem neste mesmo momento e que as questões que se apresentam para cada uma são muito similares. É claro que cada uma tem as próprias ferramentas para lidar com este tempo e responder a ele, mas fazer um trabalho em colaboração pode trazer mais elementos para pensar, para atravessar o processo e sair do outro lado.

Também me entusiasmo com a ideia de que a escrita é um processo e de que alguém vai pôr a mão na massa. E na tinta.

* * *

E as mãos?, pergunta Montaigne, listando em seguida tudo o que podemos fazer com elas:

> pedimos, prometemos, chamamos, despedimo-nos, ameaçamos, suplicamos, rezamos, negamos, interrogamos, admitimos, recusamos, contamos, confessamos, manifestamos nosso arrependimento, nossos temores, nossa vergonha, nossas dúvidas; informamo-nos, comandamos, incitamos, encorajamos, blasfemamos, testemunhamos, exprimimos nosso desprezo, nosso despeito; caçoamos, adulamos, desafiamos, injuriamos, aplaudimos, benzemos, humilhamos, reconciliamo-nos, exaltamo-nos,

regozijamo-nos, queixamo-nos, entristecemo-nos; demonstramos nosso desânimo, nosso desespero, nosso espanto; exclamamos e calamos, e o que mais não externamos, unicamente com as mãos, cuja variedade de movimentos nada fica a dever às inflexões da voz?

Também escrevemos com as mãos. E "pensamos", anota Jean--Luc Godard, em seu poema longo *História(s) do cinema* (que cita, por sua vez, o livro *Penser avec les Mains* [Pensar com as mãos], do teórico suíço Denis de Rougemont):

> dizem que enquanto uns pensam
> outros agem
> mas a verdadeira condição humana
> é a de pensar com as mãos

Pensar com as mãos, trabalhar com as mãos, criar com as mãos, fabricar com as mãos (poesia, do grego *poiésis*, "criação", que deriva do verbo *poiein*, "criar"). "A mão é ação, ela cria e, por vezes, seria o caso de dizer que pensa", segundo Henri Focillon.

Em Godard, o elogio às mãos incluiria não só a prática de montagem, mas também da escrita e da filmagem (tal como na metáfora usada por ele da *câmera-caneta*, na qual a câmera escreve as imagens do filme). Escrever é olhar com as mãos, manejar, moldar, pensar, *procurar as frases* (como em Pierre Alferi), anotar os versos, experimentar, testar.

* * *

E aqui não o começo, mas o fim de um poema (que é sobre começos) da polonesa Wislawa Szymborska, "Amor à primeira vista":

Porque afinal cada começo
é só continuação
e o livro dos eventos
está sempre aberto no meio.

Poesia é som, poesia é ritmo

Pensando no começo da poesia na minha vida, lembro do som chegando antes das palavras, o som saindo da vitrola que ficava ligada na minha casa da infância, tocando vozes, arranjos, melodias. Era a poesia chegando pelo ouvido na voz de Tom, Nara, Chico, Caetano, Paulinho, Elis, Milton, Sueli Costa, Vinicius de Moraes... Antes de entender o sentido das letras, as palavras ficavam gravadas "de cor" (isso é, "de coração", *by heart*, por esse sentido que se aproxima da emoção).

Na infância, ouvimos primeiro os sons. Na infância (de *in--fans*, sem fala), quem chega primeiro é o significante. "A porta dela não tem tramela/ a janela é sem gelosia."

> Hoje eu quero apenas
> uma pausa de mil compassos.

Ao escrever meu primeiro livro, achei que havia uma dimensão sonora nele e por isso decidi chamá-lo de *20 poemas para o seu walkman*. Pensava na ideia de recolher vozes de lugares diferentes, como se estivesse andando e registrando os sons que eu *mixaria* para o leitor ouvir no walkman. Havia uma referência a Oliverio Girondo e seus *20 poemas para ler no bonde*; como os meus poemas circulavam pelo ambiente urbano, eu gostava de pensar no eco do livro de Girondo pairando sobre o meu, mas queria incluir no título também essa possibilidade sonora da escuta. De algum modo, supunha que havia musicalidade naqueles textos, mas eu nunca tinha lido nada em voz alta naquela época. Quando meu livro foi publicado, tentei ler os poemas em público, mas a leitura não funcionava, eu tinha a sensação de que sempre saía torta. A sintaxe dos poemas era estranha, o ritmo, entrecortado. Alguma coisa ali me obrigava a não dar voz aos poemas, a mantê-los num walkman como ideia, para uma leitura silenciosa, em que haveria uma voz, mas seria uma espécie de voz interna. Na mesma época, o músico Rodolfo Caesar fez uma peça musical a partir de um poema do livro ("Aquário"), e o diálogo com ele me trouxe muitos elementos que me levaram a pensar na relação entre poesia e som: ritmo, cadência, andamento, rimas, corte dos versos. Fizemos a gravação do poema numa caminhada pelo bairro de Santa Teresa (onde éramos vizinhos), e ele incorporou na peça os ruídos externos: da rua, do bonde, os cachorros latindo, além de outros sons que ele julgava afins ao tom do livro (um específico que me ocorre agora: o de um trem em movimento, um ruído metálico que parece presente no tom urbano dos textos; além do primeiro loop da história da música, numa canção do Gustav Mahler que atravessa a peça de Caesar).

Depois desse livro, passei os dez anos seguintes escrevendo os textos que entrariam no *Câmera lenta*: eu lia em voz alta em diversas situações – como festivais, encontros acadêmicos, leituras de poesia, vídeos que eu própria editava –, depois modificava o texto no papel e voltava a oralizá-lo, assim, ia transformando os poemas ao vivo e pensando nas situações específicas em que cada um ia ser lido. A versão que incluí no livro resultava dessas várias camadas: escrita-leitura-reescrita. E releitura. Como havia uma preocupação com o poema em voz alta, ela aparece tematizada como uma das questões do livro: como enunciar? Quem fala? De onde vem a voz? Quando o livro ficou pronto, achei que existia essa dimensão ligada ao gesto de enunciação dos poemas.

Um dia me convidaram para participar do projeto *Instrumental poesia*, do Sesc, que propunha diálogos entre músicos e poetas. Minha parceria foi com o Capim Novo, coletivo de compositores e músicos que trabalham com música erudita contemporânea, experimental e popular. Selecionamos sete poemas do *Câmera lenta* e eles compuseram peças a partir dos textos, montando um espetáculo de 45 minutos. A ideia que eu tinha até então de um tipo de sonoridade ligada àqueles poemas evaporou completamente. E ainda não sei como falar sobre isso. A experiência desse encontro me levou para aquele momento sem fala (*in-fans*): de repente estamos dentro da música, encostando nos sons produzidos, quando o sentido das palavras chega de outra maneira e por outras vias – o significante vai nos conduzindo: os sons se espalham, às vezes com chiados, "ataques", ecos, ápices, ondas, silêncios que se alternam, ritmos, timbres e melodias que transformam o espaço. O poema entre o som e o sentido, como aquele pêndulo de Paul Valéry que não se deixa capturar e, por isso, mantém suspenso o significado. Naquele momento minha relação com o som e com o ritmo foi recolocada, atualizada. A relação com o poema também.

A experiência do poema

Logo no início do romance *Estação Atocha*, de Ben Lerner, o protagonista diz que só gosta de ler poesia quando encontra versos e fragmentos de poemas citados no meio de ensaios, com aquelas barras substituindo as quebras de linha. Ele explica que, ao ler os versos fora de contexto, tinha uma experiência poética diferente: em vez de apreender o poema todo de uma vez, os versos isolados seriam uma espécie de "sugestão" do que poderia ser o poema.

Tal relação no mínimo curiosa do personagem de Lerner com a poesia aparece em outros momentos de sua obra, como no ensaio (hilário e delicioso) "O ódio pela poesia", espécie de defesa da poesia que abarca as muitas contradições em torno do discurso poético e da escrita; nesse ensaio, entendemos um pouco mais essa ideia da "promessa" do poema (vislumbrada nos versos fora de contexto) ou de um ideal utópico da poesia (que, segundo o autor, parece nunca se cumprir).

Muitas vezes, quando penso em um poema, lembro dele da forma descrita por Lerner: versos destacados do resto, que permanecem na memória em meio ao fluxo "em prosa" do pensamento. Letras e palavras ritmadas, apenas um flash, uma imagem. Se quero citar um poema, só me ocorrem alguns fragmentos, um ou dois versos, um eco de linguagem que parece pausar o tempo, que detém o pensamento e faz uma quebra para que eu possa respirar.

Outro dia, em busca de um livro, deparei por acaso com outro que não relia há décadas, *Retrato do amor quando jovem*, reunião de textos e poemas que constituem um pequeno panorama do "amor jovem" – com Dante, Shakespeare, Sheridan e Goethe, organização e tradução de Décio Pignatari. Ganhei esse livro de presente de aniversário de quinze anos da Ana Cecília Freire, esposa do meu pai, que junto incluiu um cartão no qual anotou dois versos de *Romeu e Julieta* (2º ato, cena 2):

> *Good night, good night! Parting is such sweet sorrow*
> *that I shall say good night till it be morrow*

Fui aos versos e à cena que ela havia destacado no cartão para ler a fala de Julieta ao se despedir de Romeu (na tradução de Pignatari):

> Boa noite. A despedida é uma dor tão doce,
> Que eu falo de manhã como se fosse noite

Esses versos nunca mais saíram da minha cabeça e, ao longo dos anos, fui buscando o dístico em todas as traduções que encontrava.

De Barbara Heliodora:

> Foi tão doce este boa-noite agora,
> Que eu direi boa-noite até a aurora.

José Francisco Botelho:

Adeus! Doce tristeza é ir embora:
Direi adeus até raiar a aurora.

Carlos Alberto Nunes:

Adeus; calca-me a dor com tanto afã,
que boa-noite eu diria até amanhã.

Onestaldo de Pennafort:

Boa noite! Boa noite! Boa noite!
A despedida é dor tão doce, todavia,
Que eu te darei boa noite até que seja dia.

Como na descrição de Lerner sobre a leitura de poesia, a fala de Julieta se destaca na memória diante do resto do texto, ela é a promessa do encontro, do amor (e do desfecho trágico). É a promessa do poema. É a promessa do tempo congelado. É o começo da poesia.

Também é curioso pensar que a própria peça (com vários momentos em prosa) seja atravessada por muitos sonetos e versos – sobretudo nas falas dos jovens enamorados, mas não só: em determinadas falas os personagens se exprimem em versos, com um ritmo que interrompe o fluxo e transforma o andamento da peça. Versos que surgem no meio da prosa e parecem ser o eco de algo que está além, como um mistério nunca resolvido, apenas intuído. Nas palavras de Northrop Frye, ao comentar a estrutura de *Romeu e Julieta*, os versos e dísticos aparecem na peça de repente para indicar que alguma coisa está fora do lugar, para sugerir um dado que não está ali. E, quando eles irrompem no meio da leitura, somos levados a pausar o tempo e, por um instante, viver a experiência do poema.

Fui dar em Iași

Em 2016, fui à Romênia participar de um festival em Iași, cidade na fronteira com a Moldávia. A Romênia é o maior país dos Bálcãs, na Europa Oriental, e esse nome (que significa "montanhoso") diz bastante sobre uma parte da paisagem local. Quando recebi o convite, lembrei de imediato da lendária Transilvânia, cidade medieval onde fica o castelo de Drácula. Também lembrei que o romeno é uma língua neolatina (com 24 milhões de falantes) e desejei poder reconhecer alguma coisa, apesar de ela ter recebido muitos aportes eslavos, o que talvez a afastasse definitivamente do português. Para completar meu limitado imaginário sobre o país, lembrei de alguns poetas, conhecidos por terem escrito sua obra em outras línguas, Tristan Tzara, Paul Celan e, entre os contemporâneos, Golgona Anghel (que escreve em português). Além, é claro, de Dinu Flămând, que conheci num festival no México e que gentilmente me convidou para essa viagem.

Dinu é poeta e um grande tradutor da obra de Fernando Pessoa. *Haverá vida antes da morte?* é o título de uma antologia dele que tenho em português, com tradução de Teresa Leitão. Segundo o prefácio de Lobo Antunes (amigo do poeta), Dinu sempre repetia a frase do título, dizendo que era um questionamento coletivo feito pelos que viviam sob o regime de exclusão: "perguntávamo-nos se haveria vida antes da morte". Ele foi exilado na França e essa condição de expatriado está evidente em seus poemas, como neste fragmento de "Porta":

(...)
No fim das contas, já nem sofres muito
que falte o teu país nos boletins meteorológicos,
brincas com a solidão, apalpando-lhe o rosto
nos trocos que trazes na algibeira.

No fim das contas, habituas-te a ver escrito
nas portas o TIREZ,
e já nem viras a cabeça, de pavor que eles
comecem a... atirar.

Então lá estava eu chegando a Iași para encontrar Dinu Flămând e mais cerca de cinquenta poetas romenos e eslavos (russos, moldávios, ucranianos), de uma geração acima dos sessenta anos, que cresceu sob os regimes totalitários e não fala inglês (nem francês, mas romeno e russo). Havia também uma dezena de chineses e, ainda, uns dez poetas de outras partes do mundo.

    Depois de uma viagem de mais de 24 horas para chegar lá (lugar mais ao oriente em que já estive), tendo passado por duas longas escalas (em Zurique e Bucareste) e sido obrigada a pegar um avião de hélice entre Bucareste e Iași que me encheu de pânico, cheguei tarde da noite na véspera do início do festival. Da janela do quarto do hotel, uma igreja ortodoxa de um lado, o Palácio da Cultura do outro – que convivem com construções dos anos 1960, baixas e imponentes, com padrões comunistas, e shoppings espelhados, já dos anos 2000. Aliás, foi num desses shoppings que comprei, numa curiosa feirinha de antiguidades montada ali dentro, entre a Zara e a H&M, uma carteirinha do Partido Comunista romeno.

No dia seguinte, acordei com os organizadores batendo à porta, já muito atrasada para a abertura do festival, e foi assim que começou meu périplo por escolas, praças, teatros, igrejas, auditórios de tamanhos diferentes: íamos numa vã em grupos de seis poetas para leituras que duravam horas, todas as manhãs e tardes durante mais de uma semana. Havia um rapaz bem jovem (ele, sim, falava inglês) que lia as traduções feitas previamente por Dinu Flămând para o romeno e, depois, eu mesma lia meus poemas em português – para crianças, senhoras, jovens: todos, sem exceção, bem entediados e sem interesse aparente pela leitura. Se a Romênia para mim despertava imagens de castelos medievais rodeados por corvos e montanhas, o Brasil para eles deveria ser uma floresta tropical desembocando nas areias de Copacabana – foi o que pensei ao ouvir, num dos dias, em meio à apresentação em romeno que um dos organizadores fez de mim ao público, as palavras em inglês "Girl from Copacabana".

Na terceira ou quarta leitura, diante de um auditório de adolescentes numa escola, depois de o tradutor ler meu poema, comecei a falar – não o meu poema, mas "atro-cadu-capa--causti-dupli-elasti-feli-fero-fuga-histori-loqua-lubri-mendi--multi...". Num impulso que não sei de onde veio, saiu todo o poema "Cidade", do Augusto de Campos. Ninguém entendia o que eu estava dizendo, faria diferença dizer um poema meu ou outro de que eu gostasse muito? Percebi que o poema gerou certa curiosidade. Então, continuei. Disse outro: "Onde quer que você esteja/ Em Marte ou Eldorado/ Abra a janela e veja...": "Pulsar", também de Augusto de Campos. O público tinha acordado!

Na manhã seguinte, sem ter me preparado para isto, decidi cantar. De repente lá estava eu cantando, "Aqui é festa, amor, e há tristeza em minha vida", refrão do Otto, ou Sueli Costa com Cecília Meirelles: "Eu não tinha esse rosto de hoje,/ assim calmo, assim magro, assim triste". Será que os poemas e músicas que sabemos de cor e amamos não são também um pouco nossos? Era certo dizer aqueles versos sem avisar que não eram poemas meus? Percebi que ali não importava muito e passei aqueles dias em Iași dizendo poemas e músicas para uma plateia de senhoras e adolescentes romenos que devem mesmo ter achado que o português era uma língua cantada.

Quem está falando?

Desde que minha filha fez três anos, toda vez que começo a ler para ela, sou interrompida a cada frase com a pergunta: "Quem está falando?" Já na primeira linha, a máquina desconcertante de curiosidade que vem embutida nas crianças transforma a cena de leitura. Por exemplo, quando estamos lendo *Baleia na banheira*, de Susanne Strasser, que começa com um simples "É hora do banho!", minha filha pergunta: "Mamãe, quem está falando?"

E faz sentido. Afinal, não sou eu dizendo que vamos tomar banho, nós estamos lendo juntas. Mas quem está falando no livro? Como explicar a elocução de um texto, o narrador? Não é tão evidente pensar que existe outra voz falando no texto, voz que não é minha, nem exatamente de um personagem, mas projetada pelas palavras para outro espaço-tempo, para uma existência que não preexiste às palavras e que a cada vez pode ser questionada: quem está aí?

Perdoe-me, leitora, leitor, pela volta para chegar a uma questão muitíssimo simples: a voz do poema. T. S. Eliot disse que há três vozes na poesia: a voz do poeta que fala consigo mesmo, a voz do poeta ao dirigir-se a uma plateia e a voz do poeta quando cria uma persona dramática. Essa divisão tripartida remeteria às poéticas clássicas, que separavam os gêneros literários como *lírico* (poeta fala sozinho), *épico* (poeta conta uma história para alguém se apresentando como narrador e alternando sua voz com a dos personagens) e *dramático* (poeta desaparece, deixando falar seus personagens). O debate é antigo, cheio de nuances, ramificações e multiplicações, mas lembrei dele porque é interessante imaginar que um critério para pensar os gêneros é justamente a voz de um texto. Afinal, quem fala?

Há muitas formas de trabalhar com esses jogos enunciativos: às vezes os poemas falam sozinhos, outras vezes falam de si ou falam com o outro e também *sobre* os outros – há os que falam e escutam, compondo um diálogo dentro do poema – e, ainda, os que falam *pelo* outro, com um monólogo dramático, ou com um gesto de colagem que faz o espaço do poema se abrir por completo para outras vozes.

* * *

Gostaria de referir aqui uma série de *autorretratos*, poemas que encenam uma tentativa de nomear quem está falando, como no soneto setecentista de Bocage, que faz um retrato da figura do poeta:

Como o poeta se retrata e julga sua obra

Magro, de olhos azuis, carão moreno,
Bem servido de pés, meão na altura,
Triste de facha, o mesmo de figura,
Nariz alto no meio, e não pequeno;

Incapaz de assistir num só terreno,
Mais propenso ao furor do que à ternura;
Bebendo em níveas mãos, por taça escura,
De zelos infernais letal veneno;

Devoto incensador de mil deidades
(Digo, de moças mil) num só momento,
E somente no altar amando os frades,

Eis Bocage em quem luz algum talento;
Saíram dele mesmo estas verdades,
Num dia em que se achou mais pachorrento.

Poderia repetir a pergunta, "mas quem está falando?", afinal a voz do poema fala de fora, em terceira pessoa, e com distanciamento. Mas ele termina o soneto se autonomeando ("Eis Bocage") e diz que todas estas verdades "saíram" dele. É o poeta se retratando.

Na mesma linha (da descrição do físico e do caráter), há vários autorretratos na poesia brasileira, muitos deles numa linhagem gauche, como se para falar de si fosse preciso um tom autoderrisório: como o "Poema de sete faces", de Carlos Drummond de Andrade, ou o "Autorretrato" de Manuel Bandeira. Neste há uma imagem forte para descrever uma característica física: ele diz que o poeta engoliu um piano e "o teclado/ ficou de fora", referindo-se aos seus dentes proeminentes.

Seguindo o caminho do aspecto físico do poeta, Chacal tem um poema que dá nome a uma plaquete: *Seu Madruga e eu*. O "seu Madruga" do título se refere ao personagem do seriado

Chaves, da TV mexicana, e o poema ganha aos poucos contornos absurdos quando o poeta se assusta ao perceber que está cada vez mais parecido com essa figura. Com alta voltagem de humor, o duplo do poeta surge em sua vida adensando a confusão numa série de espelhamentos.

Há outros poemas que marcam bem o "eu" do poeta e usam estratégias para se desviar do lugar-comum do lírico (poeta falando de si mesmo). É o caso de "História", de Ana Martins Marques, esta espécie de autorretrato aos 39 anos que, aos poucos, desfaz e fragmenta a imagem do eu, atuando metonimicamente:

> Tenho 39 anos.
> Meus dentes têm cerca de 7 anos a menos.
> Meus seios têm cerca de 12 anos a menos.
> Bem mais recentes são meus cabelos
> e minhas unhas.
> Pela manhã como um pão.
> Ele tem uma história de 2 dias.
> Ao sair do meu apartamento,
> que tem cerca de 40 anos,
> vestindo uma calça jeans de 4 anos
> e uma camiseta de não mais que 3,
> troco com meu vizinho
> palavras de cerca de 800 anos
> e piso sem querer numa poça
> com 2 horas de história
> desfazendo uma imagem
> que viveu
> alguns segundos.

Cecília Meireles, em seu "Retrato", olha para os próprios traços (rosto, olhos, lábios, mãos, coração) e não se reconhece: "– Em que espelho ficou perdida/ a minha face?", pergunta, incrédula.

A poeta portuguesa Adília Lopes tem uma divertida série de "autobiografias sumárias", em que também faz uso da primeira pessoa, mas encontra um jeito de falar de si projetando-se no "outro" – neste caso as baratas e os gatos domésticos:

Autobiografia sumária de Adília Lopes

Os meus gatos
gostam de brincar
com as minhas baratas.

Autobiografia sumária de Adília Lopes 2

Não deixo a gata do rés do chão brincar com as minhas baratas porque acho que as minhas baratas não gostam de brincar com ela.

Autobiografia sumária de Adília Lopes 3

Os meus gatos já deixaram há muito tempo de brincar com as minhas baratas. A Ofélia tem 12 anos, seis meses e sete dias. O Guizos, segundo o Dr. Moras, tem 9 anos. Entretanto, gatos morreram, gatos desapareceram. Estou a escrever isso no computador e não sei do Guizos há três dias.

No campo da projeção de si em outro, penso num poema de Miriam Alves que define quem fala (e escreve) numa espécie de jogo de espelhamento geracional que incorpora a dedicatória (paratexto) para dentro do poema transformando-a em sujeito também (com o uso dos pronomes "nos", "nossas"):

Tempo consciência
para Conceição Evaristo

O tempo nos colocara
frente a frente
e no verso
poemas
reflexo de nossas consciências irmãs

O poema de Miriam Alves, por sua vez, me lembra outro autorretrato geracional, de Roberto Bolaño (que escreveu alguns autorretratos). Apesar da primeira pessoa do poema, seu "Autorretrato aos vinte anos" parece um autorretrato coletivo, abarcando *sus hermanos* e todos os latino-americanos que precisam seguir adiante; com o rosto colado ao rosto da morte, eles se deixam levar e vão indo:

Eu estava cheio de medo,
o estômago doía, a cabeça zunia:
acho que era o ar frio dos mortos.

* * *

Outro dia me pediram que gravasse um vídeo lendo um poema: *não esqueça de dizer seu nome antes*. Na sem-gracice de ter de falar meu nome para a câmera, fiquei pensando nesses tempos de *lives* e avatares, em que estamos constantemente repetindo o nome, entregando o rosto e criando personagens para nós mesmos. Se ao menos pudesse fazer alguma espécie de jogo com o nome, como nos poemas que trazem o nome próprio do poeta:

Vai, Carlos, ser *gauche* na vida

diz Drummond, no "Poema de sete faces". O tom derrisório desse autorretrato desconcerta o leitor, mas acho que o gesto de dizer o nome dentro do poema é o que mais provoca aqui. Apresentar a assinatura em terceira pessoa, sendo chamado por outro, e transformar o mal-estar em questão enunciativa.

Há outro poema que eu adoro em torno do nome que é um epitáfio, de Sebastião Uchoa Leite. Ao contrário do poema de Drummond, que é sobre "chegar" – é o primeiro poema do primeiro livro do autor e começa do começo: "Quando nasci..."–, o de Sebastião Uchoa Leite é sobre partir daqui (com humor):

> aqui jaz
> para o seu deleite
> sebastião
> uchoa
> leite

Chacal usa o nome também no começo, já que seu primeiro livro se chama *Muito prazer, Ricardo*. E Angélica Freitas expõe o cruel controle sobre o corpo feminino (da própria poeta), neste poema--dístico "Mulher de respeito":

> diz-me com quem te deitas
> angélica freitas

Também num tom autoirônico, Augusto Massi explora, neste aqui, o jogo com o sobrenome:

Máximas

Massi metido a besta
Massa de manobra
Massi no jornal
Massi na universidade
Pau para toda obra
Mínimo múltiplo comum
Microempresa do ego
Massi media
Maxidesvalorização do nome:
rede de estacionamento
casa de massagem
marca de macarrão
Massi
Massudo
Maçante
Falido
Falado
Massificado

Há um de Adília Lopes em que o nome citado não é de batismo e, sim, o nome usado para assinar os livros:

Nasci em Portugal
não me chamo
Adília
Sou uma personagem de ficção científica
escrevo para me casar

Ao dizer (em primeira pessoa) que sua assinatura é de uma personagem que escreve no lugar da autora, ela traz mais elementos para a discussão e adensa o jogo entre vida e escrita. Outro poema da autora, "Autobiografia e anonimato", fala sobre um escritor que decide contar numa autobiografia suas preferências de café da manhã. Ele gostava de comer pão com geleia de laranja e tomar café com leite. Depois de publicada a autobiografia, toda vez que ele bebia café com leite e comia pão com geleia de laranja se sentia mal, como se estivesse num circo ou num palco encenando sua própria vida. Então passou a comer flocos de aveia com leite.

O poema de Adília, de 1991, diz bastante coisa sobre esses tempos em que se multiplicam nas redes sociais posts com fotos de café da manhã. Escrever o próprio nome (ou escrever em primeira pessoa) não é necessariamente em poesia um exercício egocêntrico, ao contrário, pode ser uma forma de inventar uma experiência subjetiva por transformar a assinatura em ficção (que também somos). Ainda que seja preciso, depois de escrever a vida, trocar o café da manhã.

Contra a poesia, contra o coração

"A verdadeira poesia se faz contra a poesia", disse o poeta Henri Michaux. Para ele, era preciso se contrapor à poesia da época anterior, não exatamente "por ódio", mas para poder dar lugar a outras formas de percepção; como se um novo tempo exigisse limpar a couraça do poema para poder construir novas formas de dizer.

Nessa linha "contra" a poesia, já houve bastante debate, do mais ou menos recente "O ódio pela poesia", do poeta e romancista norte-americano Ben Lerner, passando pelo ensaio "Contra os poetas", de Witold Gombrowicz, ao já clássico poema de Marianne Moore chamado justamente "Poesia":

> Também não gosto.
> Lendo-a, no entanto, com total desprezo, a gente acaba
> [descobrindo
> Nela, afinal de contas, um lugar para o genuíno.

Eu acredito que a má vontade com o poema pode ser saudável; talvez ela ajude a produzir uma pausa para a reflexão, uma espécie de *desautomatização*. Muitas vezes é preciso escrever (e ler) *contra* a nossa própria ideia de poesia ou contra certo impulso inicial do poema.

Gosto da formulação de Manuel Bandeira no breve "Poema do beco", indagando, afinal, qual a importância da paisagem, da Glória, da baía, da linha do horizonte...? "– O que eu vejo é o beco", diz ele e, a seu modo, vai priorizar o menor (o beco estreito) em detrimento dos grandes temas da poesia (concretizados na natureza da paisagem, nos sonhos da linha do horizonte...). Ele não evitará, de todo, os grandes temas, mas a lição do pequeno está em primeiro plano em sua poesia e talvez permita, em outros momentos, apreender a paisagem e o genuíno de que fala Moore.

* * *

Pensava no assunto pois queria escrever um poema que tivesse a palavra "coração". Mas como usar uma palavra tão batida, tão cheia de conotações e exagerada, sem que soe pesada? Como remover da palavra os usos e o lugar-comum? Tendo o coração se tornado palavra gasta, seria possível voltar o coração *contra* o coração? Como fazer para descolar o *coração* da palavra "coração" e, assim, poder reencontrá-lo?

É conhecida a anedota que conta que (o antilírico) João Cabral de Melo Neto pergunta a Vinicius de Moraes (o mais lírico de todos, que vivia compondo canções de amor): "Será que você não tem outra víscera para cantar?" A pergunta rabugenta não deixa de ser um conselho contra o impulso de cantar o amor de forma previsível (*Ai ai meu coração partido...*).

Como escreve Witold Gombrowicz, em "Contra os poetas", ensaio bastante instrutivo nesse sentido:

> Por que não gosto da poesia pura? Pelas mesmas razões pelas quais não gosto do açúcar "puro". O açúcar é ótimo quando o tomamos junto com o café, mas ninguém comeria um prato de açú-

car: já seria demais. É o excesso o que cansa na poesia: excesso de poesia, excesso de palavras poéticas, excesso de metáforas, excesso de nobreza, excesso de depuração e de condensação que assemelham os versos a um produto químico.

O excesso de corações e metáforas espanta por ser pesado e é preciso de algum modo se voltar contra isso para tentar encontrar de novo a palavra fresca, "em estado de dicionário", que possa inventar um mundo novo. Assim, decidi procurar poemas que falem de coração e há uma longa série, que vai de Carlos Drummond de Andrade – e seu coração "muito menor do que o mundo", que responde aos versos inaugurais de Tomás Antônio Gonzaga ("Meu coração é maior do que o mundo") –, passando por Adélia Prado e seu "coração disparado", chegando aos contemporâneos: o literal "coração do boi sobre a pia", de Ana Estaregui, ou o (irônico) "o livro rosa do coração dos trouxas", de Angélica Freitas.

Frank O'Hara declarou: "meu coração está no/ bolso: os poemas de Pierre Reverdy". Que bonito esse coração poético de O'Hara! E Augusto de Campos se encontra com o coração em alguns textos como "Coração Cabeça" que desacelera e torna não linear a leitura do poema por meio de recursos gráficos e um desvio na sintaxe, criando um vaivém entre os polos coração/ cabeça, razão/emoção ("minha cabeça começa em meu coração/ meu coração não cabe em minha cabeça").

Ana Cristina Cesar levanta a pergunta: "perto do coração/ não tem palavra?", tratando da dificuldade em nomear a emoção. Mas ela própria parece responder, já que usou 18 vezes (eu contei!) a palavra "coração" no livro *A teus pés*.

Zuca Sardan tem um poema-fábula que descreve o "osso do coração"! O personagem principal de uma peça sobrevive a todos para, no fim, arrancar o coração do próprio peito, despelá--lo até sobrar só o osso, no qual ele deixará gravada a verdade: todo mundo se matou por ilusão.

E mais um coração de Drummond, do poema "Cemitérios" (na parte "De bolso", por ser curtinho), mas aqui ele não usa a palavra "coração", apenas a imagem, com toda a carga simbólica e afetiva que parece, ao mesmo tempo, conter e transbordar a emoção:

> Do lado esquerdo carrego meus mortos
> por isso caminho um pouco de banda.

"Machine à émouvoir"

Contam que o poeta pernambucano Joaquim Cardozo sabia de cor todos os seus poemas e nunca alterava nada nos textos, nem uma vírgula sequer, depois de publicados, como se estivessem "solucionados". A anedota condiz com a imagem do poeta engenheiro – metódico com a própria escrita –, mas também com certa leitura, tornada uma espécie de lugar-comum, do poema ligado a um esforço de construção e precisão em detrimento da emoção, do acaso, do indeterminado.

Joaquim Cardozo encarna bem esse papel, já que foi engenheiro calculista e teve papel fundamental na construção de Brasília, ao lado de Oscar Niemeyer. Com seus cálculos, ele daria corpo à leveza das formas, erguendo do chão prédios como a Catedral Metropolitana de Brasília (com agulhas simulando movimento), e ajudaria a criar, em meio ao utópico projeto da capital, a paisagem com formas que parecem flutuar na linha do horizonte.

Se pensarmos na outra direção desse clichê que vincula a poesia ao extremo rigor, poderíamos dizer, vendo as formas arquitetônicas cheias de curvas, que o engenheiro fez uso da inventividade do poeta, imprimindo leveza e graça à capital federal. Mas as coisas não são estanques assim. A poesia sempre exige sua parte de construção e cálculo, mas um calculista também precisa de caminhos mais sinuosos para passar da abstração dos números para o concreto dos traços. Em outras palavras, nem só coração, nem só cálculo. A convivência desses dois polos na dupla atuação do poeta certamente foi feita de riscos mútuos – ao menos é o que a leitura de seus poemas parece dizer.

Nesse sentido, acredito que a poesia tem a capacidade de deslocar os discursos gastos; de manter vivas as tensões e questões indecidíveis. Deixo aqui dois poemas de Joaquim Cardozo que talvez façam tal operação em duas mãos, em duas direções (sem necessariamente "solucionar" nada):

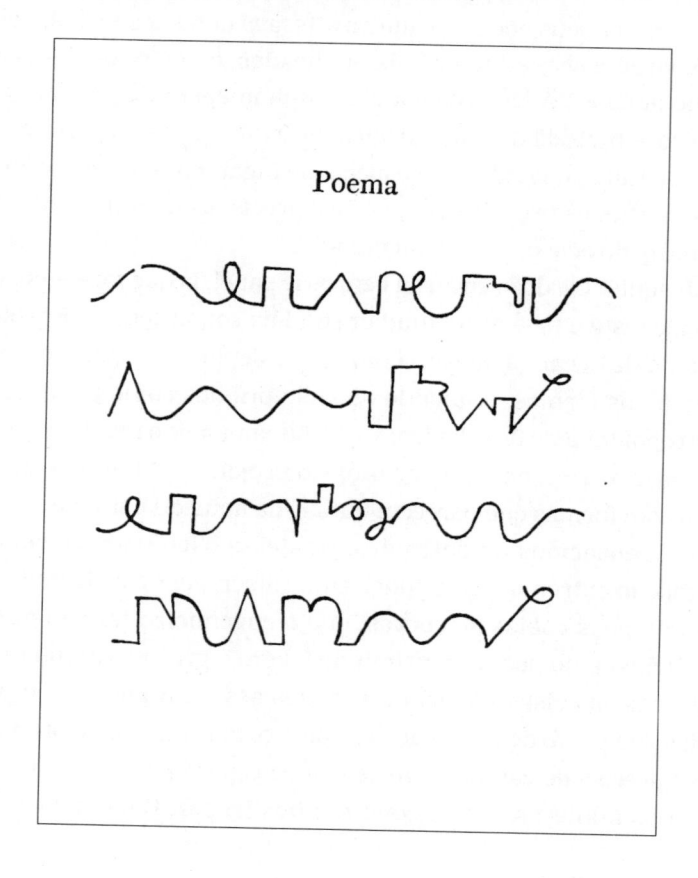

Poema

Nesse "Poema", o gesto da escrita está contido no texto: a linha curva registra o movimento da mão que calcula e do corpo que se desloca, deixando ali seu rastro. Caligráfico, mas também sugerindo uma paisagem (ou melhor, quatro paisagens), o poema resultante é silencioso (embora traga movimento) e da ordem da contemplação, já que lida com signos abstratos e imagens.

O segundo poema me marcou muito desde a primeira vez que o li, e segue me comovendo a cada leitura. Ele tem início numa sala de laboratório fechada. E silenciosa. Nesse espaço, busca-se, por meio de uma experiência científica, uma resposta para a vida: encontrar a pulsação originária.

O silêncio expectante e a voz inesperada

Na penumbra da sala do laboratório, uniforme e
                            [absolutamente fechada,
Isolada do som e da luz, isolada do tempo e do espaço,
Procedia-se à investigação memorável.
Procurava-se descobrir o espaço completo e geral
Onde se pudesse definir a pulsação originária;
Pulsação que seria a substância de todas as vibrações,
Desde as que iluminam as estrelas Cefeides
Até as que comovem o coração humano,
As que marcam, domesticamente, o tempo civil nos relógios
E as que passam ondulando nas cordas dos violoncelos;
Pulsação que fosse o sangue de futuros nascimentos e de
                            [novas cosmogonias.
Dela viria a angústia da matéria dispersa em meio às nebulosas
E que ainda não pôde se converter em estrelas,
Viria a angústia das almas inascidas que, com o frio, e o medo
                            [de não nascer,

Se abrigam no ventre das mulheres.
Naquele ambiente inerte e indeterminado
Reinava um silêncio liso e sinistro:
Um silêncio que fora a consequência de rumores especiais
[e preciosos,
Um silêncio-fronteira de ruídos apagados em macios de paina
[e de veludo.
Temia-se, porém, a inversão do tempo ou o pânico da luz,
Temia-se, sim, temia-se alcançar a essência do milagre...
Foi então que uma onda ligeira, perdida e vagabunda,
Uma onda que rondava, que rondava na sombra do jardim,
Entrou sorrateira, inesperadamente,
Por uma fresta imperceptível no rádio:
Era uma voz de mulher cantando nas Antilhas.

A canção antilhana, na voz de uma mulher, entra por uma onda de rádio e eis que a vida aparece: não do cálculo (do experimento feito em ambiente ascético), mas daquilo que não pode ser previsto nem controlado e que, contudo, está ali. O mundo, a vida, *"machine à émouvoir"*, nas palavras de Le Corbusier, a poesia, essa máquina de comover.

* * *

A primeira vez que li esse poema foi com um grande professor da Universidade Estadual do Rio de Janeiro (Uerj), José Carlos de Azeredo, numa aula de estilística. Lembro do silêncio naquela manhã de inverno, mas não havia nada de ascético ali, nem de impessoal. A emoção da leitura compartilhada, a análise rigorosa do texto, o amor pela experiência com a língua. Deixo aqui esse comentário, pessoal e comovido, para lembrar que a Uerj já há alguns anos vem sendo ameaçada com desmontes de diversos tipos, como o projeto de lei descabido que propõe sua *extinção*. Apresentada na Assembleia Legislativa do Rio de Janeiro em 2021, a proposta é inconstitucional e mais de um presidente da Assembleia já declarou que não será votada. Mas é assustador termos de viver uma era em que o inconstitucional é reiteradamente nomeado e posto em cena. A cada vez é preciso recolocar os discursos no lugar e reafirmar os direitos, nesse caso do ensino público e de qualidade, em uma das maiores universidades do país, lugar aberto, vivo e dos mais democráticos que temos.

Que venha um tempo em que possamos criar novas utopias para aquela linha do horizonte de formas leves – e que ele possa vir povoado por vozes que tragam melodias mais justas.

Poesia tem que ter estrela?

"Poesia tem que ter estrela?", pergunta Glauco Mattoso num livrinho delicioso da coleção Primeiros Passos publicado nos anos 1980. Em outras palavras, quais seriam os ingredientes para um poema ser *poema*? Aquilo que se diz, o modo como se diz ou o próprio dizer? Existe algum detalhe "poético" que transforme o texto (um detalhe a ser incluído ou excluído)? Ou, a princípio, tudo caberia num poema?

Jacques Roubaud define (e poderia ser uma resposta à pergunta do Glauco Mattoso): "O poema diz o que ele diz *dizendo*", ou seja, não daria para separar o tema do modo de dizer ou do próprio dizer. Poesia não tem que ter estrela (ou um "assunto poético"), mas, quando dois poemas escolhem ter estrelas ou luas (ou corações!), eles podem dizer coisas muito diferentes entre si.

Se a "lua" de Drummond reafirma o poético de modo irônico ("mas essa lua/ mas esse conhaque/ botam a gente comovido como o diabo"), já a lua que a poeta inglesa Mina Loy imaginou também nos anos 1920 seria uma paisagem prateada futurista: o poema "Lunar Baedeker", espécie de "guia turístico" da lua, contém imagens em tons de branco, um lúcifer prateado, oceanos ovais, distritos de luzes brancas e anúncios "estreléticos", literais, banindo o céu poético.

Numa conversa com a poeta mineira Carina Gonçalves sobre uma antologia que ela estava organizando só com poemas que falam de cachorro (ou que tenham algum cachorro passando), demorei a lembrar que eu tinha um poema que poderia entrar nessa "cachorrística". Mas nele está um *cão* e não um *cachorro*.

Por que será que na época usei "cão", palavra bem mais poética do que "cachorro"? No dia a dia não uso a palavra "cão", mas ao traduzir *dog* já fiquei tentada a escolher essa palavra em português, pensando em manter o ritmo do monossílabo. De todo modo, pelo sim pelo não, desisti do risco de dar um tom mais nobre ao texto que estava traduzindo. O "cão sem plumas" de João Cabral não é um cão, mas um rio (e no poema há um "cachorro" atravessando a rua), mas estando tão próximo da Geração de 45 era natural a escolha dele por um vocábulo mais literário.

Victor Hugo comentou também o uso de palavras, digamos, "pouco poéticas": "Fiz soprar um vento revolucionário/ E coloquei um barrete vermelho no dicionário". Ele admite ter vestido no velho dicionário aquele chapéu vermelho da Revolução Francesa, o barrete, querendo dizer que usava palavras mais familiares, mais próximas da vida e da ação.

* * *

Selecionei dois livros que pensam as palavras. O primeiro é uma plaquete da coleção Megamíni, *Para quando faltarem palavras*, de Luiza Mussnich. Ele é todo feito de listas de palavras, espécie de caderno de notas e restrições para usar em determinadas situações ("palavras para usar numa churrascaria", "palavras para desconversar" etc.) ou para usar em poemas. Listas que são os próprios poemas. E não falta uma lista das "palavras para não usar num poema":

sinergia
bela
musa
lua
reflexo
coração
infinito

Curiosa e ironicamente, o poema usa todas elas ao mesmo tempo. Talvez pudesse haver outro poema que fosse um comando: "*como* usar certas palavras num poema"? Além das que aparecem nessa lista, daria para incluir palavras estranhas, mas também palavras gastas ("resiliente", "coração", "resistência", "profundo" e daí por diante).

O outro livro que queria citar é *A primavera das pragas*, de Ana Carolina Assis, todo atravessado por bichos e pragas de vários tipos: caranguejos, pássaros, lesmas, fungos, liquens, sardinhas etc. (e desde o título muito preocupado com o uso das palavras, fazendo um jogo com o evento político de libertação da antiga Tchecoslováquia no final dos anos 1960, a Primavera de Praga). Na abertura do livro, deparamos com o ser mais resistente do mundo, "o tardígrado", capaz de resistir a condições extremas por um mecanismo de desidratação que lhe permite sobreviver (esse ser já foi enviado ao espaço sideral e voltou com vida num experimento bastante curioso).

Como escrever um poema contendo uma palavra tão esquisita, que parece nome de remédio, trazida do campo científico?

O poema de Ana Carolina conta a história de uma menina que joga sal nas lesmas da praia das pedrinhas (em plena baía de Guanabara) para desidratar os bichos. *O poema diz o que ele diz dizendo.* E, assim, se apropria da força e da resistência do tardígrado.

E flores?
(Cultivando o jardim)

Ainda no campo das palavras, uma anedota.

Na semana passada, com minha filha, plantamos, no algodão, um grãozinho de feijão. Com um pouco de água, o grão virou uma arvorezinha de quinze centímetros, com caule, folhas e raízes, dando sinais de que o copo já não bastava para seu tamanho. "É preciso cultivar nosso jardim", diz o Cândido, de Voltaire, que, depois de conhecer o mundo e suas agruras, propõe fazermos o que está ao nosso alcance – conselho sábio, sobretudo nos momentos em que se deve ficar restrito ao nosso canteiro, na selva de pedra.

Estava às voltas com esse jardim no algodão quando, numa conversa com a poeta Alexandra Maia, ela me fez a seguinte pergunta: por que não menciono, em minha poesia, nenhuma flor (apesar de ter uma filha chamada Rosa)?

A pergunta dela me fez pensar em *As flores do mal* e em *A rosa do povo*, na flor como símbolo da poesia lírica, ou na flor associada à mulher, na metáfora batida da mulher como uma delicada flor, ou na poesia feminina. Cecília Meireles fala de flores, Adélia Prado fala de flores. A poesia feita por mulheres no final do século XX também traz várias flores. Assim como alguns livros recentes, como *O livro dos jardins*, de Ana Martins Marques, e *A teoria do jardim*, de Dora Ribeiro. Mas o primeiro poema que tive vontade de transcrever foi "Lírio branco", de Laurie Anderson, flor contaminada pela narrativa:

> Em que filme do Fassbinder é que é? Um homem sem um braço
> Entra numa florista e diz:
> Qual é a flor que exprime
> A passagem dos dias
> Os dias que se sucedem sem fim
> Puxando-nos
> Para o futuro?
> A infinita
> Passagem dos dias
> Puxando-nos infinitamente
> Para o futuro.
> E a florista diz:
> O lírio branco.

No filme de Rainer Werner Fassbinder citado por Anderson (*Berlin Alexanderplatz*), a florista sugere uma flor com simbologia fúnebre (seria esse o sentido buscado pelo homem?). Em seguida lembrei de um outro poema que se passa numa floricultura, em que as flores também se relacionam à morte. "Na loja de flores", de Jacques Prévert, começa com a cena:

> Um homem entra na loja de flores
> e escolhe umas flores
> a florista embrulha as flores
> o homem enfia a mão ao bolso
> para pegar o dinheiro

dinheiro para pagar as flores
mas de repente e ao mesmo tempo
ele põe
a mão ao coração
e cai

Há muitas flores passeando pela poesia dos anos 1990 e, lendo no conjunto, acho que buscam uma direção mais literal e textualista do que as flores femininas e metafóricas de outros tempos. Num livro de 1997, Angela de Campos diz: "de lírios não falo", em uma recusa que não deixa de ser afirmativa, já que seu livro menciona uma série de flores (supõe-se, pela recusa, que seriam "antilírios"?). Ou na poesia de Claudia Roquette-Pinto, em que há muitos poemas com plantas, flores, minerais, sobretudo nos livros *Corola* ou *Saxífraga*, este nome de uma flor. O título, aliás, dialoga com um poema de William Carlos Williams no qual apareceu, pela primeira vez, o célebre preceito objetivista "Ideias só nas coisas":

Uma espécie de canção

Que a cobra fique à espera sob
suas ervas daninhas
e que a escrita se faça
de palavras, lentas e prontas, rápidas
no ataque, quietas na tocaia,
sem jamais dormir.

– pela metáfora reconciliar
as pessoas e as pedras.
Compor (Ideias

só nas coisas) Inventar!
Saxífraga é minha flor que fende
as rochas.

Ideias só nas coisas. Que a escrita se faça de palavras; e que as flores sejam flores (e a *rosa*, rosa). Já a *saxífraga* – cuja etimologia latina significa, ao pé da letra, "quebra-pedra", por ser uma flor usada medicinalmente para quebrar pedra no rim (cálculo renal), um dado que Williams devia saber, pois era médico – bom, talvez seja a saxífraga a flor que quebra as pedras e que pode quebrar o *cálculo*, furar o asfalto. Como a poesia.

Palavras: "garoa"

"Não é chuvarada, é uma *garoa*", disse minha filha outro dia. Tentei explicar para ela que estava chovendo forte e que seria garoa se estivesse só chuviscando. Mas na escola tinham explicado que "estava garoando", ela falou encerrando o assunto.

Sempre soube que garoa era uma chuvinha leve; por outro lado, já ouvi dizer que antigamente é que fazia frio e que o "São Paulo da garoa" andradiano já nem existe mais.

Será que, por conta das mudanças climáticas, *garoa* ganhou nova carga semântica? Foi o que fiquei me perguntando, afinal, minha filha é paulistana e "garoa" é uma palavra paulistana usada para descrever um fenômeno que só tem aqui, como o *fog* londrino ou a *canicule* parisiense. Se, no dia mais frio do ano no Rio de Janeiro, o ar ficar muito úmido de manhã cedo e der uma leve sensação de chuva, eu jamais definiria dizendo "Ah, mas é uma garoa!", pois garoa só existe em São Paulo.

Assim, concluo que não vou discutir com ela, afinal o paulistano é sua língua materna e ela está aprendendo o uso da palavra na prática, num contexto. Já eu aprendi o sentido de garoa lendo os poetas, ouvindo música, mas sem entender a relação direta com o fenômeno. Convenço-me de que a mudança de sentido é possível, para que desperdiçar uma palavra tão bonita como "garoa"? Se agora uma nuvem de fumaça (ou de areia) pode deixar a cidade escura às três da tarde, e se existe essa coisa que se espalha de forma invisível e transforma a vida de um planeta inteiro em poucos meses – então tudo é possível, *garoa* pode ter virado uma *chuva de canivetes*.

Quando ouvi minha filha falando, me senti dentro do livro *Vida desinteressante*, de Victor Heringer, que reúne suas crônicas publicadas na revista *Pessoa*. Não só porque muitos dos textos dele tratam dos contrastes entre São Paulo e Rio (carioca que ele foi morando em São Paulo, estava sempre comparando as duas cidades); e não só porque me vi em meio a uma questão linguístico-filológica despertada pelo significante (também outro assunto que suas crônicas tocam); também não foi apenas pela ironia da situação: minha filha de três anos podia ter razão, por ser dona de um saber prático de sua cidade natal que eu não tenho (o livro está coberto de situações irônicas, vistas com uma ironia muito heringueriana!).

Talvez um pouco por tudo isso, é claro, mas sobretudo pela lição do *mínimo*, do *cotidiano*, da forma de olhar para as coisas mais desimportantes e perceber nelas certo lirismo, certo deslocamento – percepção que, para acontecer, precisa, muitas vezes, estar no olhar de quem vê e filtra as coisas (é o que o livro dele parece dizer ao transformar nossa própria maneira de olhar para os nossos dias). Essa forma de olhar que poderia ser uma definição de poesia.

Cheio de ternura, ironia, melancolia, inteligência e um tom desconcertantemente premonitório para as ruínas que viriam a seguir (as crônicas são de 2014 a 2017), o livro de Victor Heringer tem uma capacidade de fazer perguntas e revirar as coisas, o mundo e os sentidos – de olhar para o que for (pichações da cidade, um livro de adivinhas de uma aula de inglês, uma faxineira sentada no banheiro de um bar) e instaurar novos sentidos, como se tudo pudesse se converter num poema. Numa das crônicas, ele define: "Poesia é tudo aquilo que funda mundos no mundo". Seus textos são poemas que fundam outros mundos, e outras formas de estar no mundo.

Neste momento em que estamos indo para a *cucuia* (como em outra crônica ele diz, "mundo, nosso mundo: próxima estação: cucuia"), só nos resta vestir esses óculos do *alumbramento* bandeiriano para poder olhar uma chuvarada, mas enxergar a nostálgica São Paulo da garoa. Ou olhar uma torre de transmissão e enxergar *estrelas*, como na crônica que dá título ao livro dele: "Tive meu primeiro alumbramento em São Paulo um dia desses: confundi três torres piscando com estrelas. Torres de celular".

Palavras: "choração"

"Meu peito está batendo bem forte, mas é de choração."
Foi o que disse minha filha quando soube da partida da minha mãe, avó dela. Com essa frase ela consegue dar conta de dizer algo que sinto em relação à morte, mas que é algo turvo, da ordem do indizível – e que talvez agora possa encontrar expressão numa linguagem fresca e nova, como a dela.

Se por um lado fico imersa na melancolia, na prostração, no silêncio, por outro lado eu e ela estamos num momento de comoção muito intenso, do peito batendo forte, de um páthos que me faz pensar no pranto das carpideiras – de que fala Georges Didi-Huberman –, ou no choro infantil, que expressa intensamente uma emoção.

O peito está batendo bem forte, descontrolado, mas é de *choração*.

Sempre ouvi que os mortos ficam na lembrança, na memória, e que permanecem vivos em gestos, palavras, histórias. Trago o nome da minha mãe dentro do meu (foi o que eu escrevi num poema sobre sua partida): Lia cabe em Marília. Desde que aprendi a escrever meu nome, soube da associação: eu sou "mar" e "lia" juntos, o mar e a mãe.

Mas o que significa levar a mãe só na memória, na lembrança, na letra do meu nome? Não sei. Talvez seja algo da ordem do peito batendo forte quando uma memória nos atravessa. Da ordem da *choração*.

"Chorar" vem do latim *plorare* – mas, numa etimologia inventada, "choração" poderia vir de *chorus*, coro ou dança dos astros. A choração é o pranto batendo forte no peito, mas também o *coro*, as *vozes* que repetem palavras e gestos e que dançam no céu a coreografia de quem se foi.

Sonho "coletiva"

Passei um 1º de Maio na França, justo em 2009, em meio à crise financeira mundial e às medidas austeras do governo, quando o país parou para uma greve geral que reuniu mais de 1 milhão de manifestantes nas ruas do país. Tirei dezenas de fotos de pessoas carregando um adesivo com palavras de ordem que bem podiam ser do século passado. É que, em certa medida, elas trazem o sabor de um slogan de outro maio, o de 1968, "*Sous le pavés, la plage*", "Debaixo dos paralelepípedos, a praia". Quando, em 68, os manifestantes começaram a fazer barricadas nas ruas e pegar os paralelepípedos do calçamento para usar no confronto com a polícia, viram que sob as pedras havia areia. No meio do coração de Paris, a muitos quilômetros do mar, sob os pés, a areia da praia.

Em maio de 2009, as palavras de ordem que se espalharam pelo país não foram "*grève générale*" (greve geral), mas, sim, "*rêve générale*": locução que traz um eco da *grève* não só em *rêve* (sonho) como também na concordância do adjetivo *générale*, que em francês deveria vir no masculino para concordar com *sonho*. Como *geral* em português não produz o efeito do original (por ser adjetivo de dois gêneros), uma possível tradução seria "sonho coletiva".

Debaixo da greve, o sonho. Essa possibilidade de *fazer* coisas com a linguagem, de construir um sonho a partir das pedras, da pausa da greve e de um desvio na concordância do gênero.

Onde será que foram parar nossos *sonhos coletivas* neste improvável século XXI? Estava pensando nisso ao ler um poema de Luiza Romão que também provoca um desencontro nos gêneros, e que também faz coisas com a linguagem por meio de um deslocamento (formal) dos gêneros.

Número de registro

a filho não ter o filiação da pai
no certidão de nascimento
é hábito antiga
agora o mãe exigir direito à aborto
é uma crime de vida

em alguns casos
não só a gramática
sofre concordância de gênero

"Número de registro" faz parte de seu livro *Sangria*, que busca revisitar a história do Brasil e pensar a identidade do país a partir de uma perspectiva do útero, usando como estrutura as fases do corpo feminino, como os 28 dias do ciclo menstrual (são 28 poemas). Luiza conta que, quando fazia pesquisas para o livro, deparou com o número de pessoas no país que não têm o nome do pai em seu registro de nascimento: 5,5 milhões, e foi a partir dessa informação que decidiu escrever o texto. Ao nomear, no poema, tal "hábito antiga" sem concordar o gênero, Luiza tira o hábito do campo das coisas habituais e automatizadas e nos leva a ver o hábito de outra forma. E ao nomear o "direito à aborto" como "uma crime de vida", ela dá a ver "a crime" de gênero.

Enquanto na Argentina o aborto foi legalizado, no Brasil ainda estamos passando por transformações que são da ordem do discurso. Em agosto de 2023, a justiça brasileira finalmente proibiu o uso retórico do argumento da "legítima defesa da honra". Tal recurso ("hábito muito antiga", diria o poema de Luiza Romão), usado pela defesa em casos de feminicídio, consistia na absolvição de réus com o argumento de "defesa da honra" (mesmo em casos em que havia provas materiais do crime). Em outras palavras, um homem podia justificar o assassinato de uma mulher e ser absolvido se estivesse "defendendo a honra". Depois da proibição, nenhum advogado pode mais usar tal argumento. Para haver mudanças reais, é preciso que elas sejam feitas na *letra* e nos discursos, por meio da poesia, das histórias e dos slogans. Quem sabe assim possamos voltar a sonhar em meio ao sombrio desses dias. E que os *sonhos* possam ser cada vez mais *coletivas*.

É preciso desentropiar a casa [metáforas]

Jorge Luis Borges tem uma ótima teoria sobre a metáfora (numa das palestras do livro *Esse ofício do verso*). Segundo ele, por mais variadas que sejam, quase todas as metáforas se concentram em alguns poucos modelos: o tempo como rio, a mulher como flor, a vida como sonho, a morte como noite, os olhos como estrelas...

É claro que isso é uma *boutade*, afinal há um número infinito de metáforas, a língua é um mar de possibilidades (mais uma metáfora!), e Borges reconhece isso, mas, como bom adorador de sistemas que era, inventa essa leitura que consegue abarcar o funcionamento de muitas e muitas metáforas. Ao elaborar esse sistema, ele também convida leitora e leitor a pensar em outros possíveis modelos (e se afastar das metáforas batidas) – como um que encontrei no poema "Fim e começo", de Wislawa Szymborska.

Ela usa a imagem da "faxina" para falar do momento do pós--guerra. "Depois de cada guerra", diz o poema, "alguém tem que fazer a faxina." Primeiro, o sentido da "faxina" é literal, é preciso tirar o entulho do meio do caminho para os carros poderem passar com os mortos. Mas, depois que esse sentido já ganhou força e é concreto, passa a ser figurado:

Às vezes alguém desenterra
de sob o arbusto
velhos argumentos enferrujados
e os arrasta para o lixão.

É tão forte essa imagem, pois ela fala em "argumento enferrujado", ou seja, o pós-guerra também é um momento de transformar os discursos, arrastar para o lixo determinados pontos de vista envelhecidos, embolorados e fora de uso.

Numa imagem que me parece seguir o modelo de metáfora de Szymborska, Adília Lopes traz, em "Louvor do lixo", a ideia da arrumação, comparando-a ao trabalho da escrita:

É preciso desentropiar
a casa
todos os dias
para adiar o Kaos
a poetisa é a mulher-a-dias
arruma o poema
como arruma a casa
que o terramoto ameaça.

Em outro poema, Adília também trata da ideia de limpeza, mas com um sentido contrário. Chama-se "Anti nazi" e é uma boa resposta aos discursos populistas que usam a ideia metafórica da "limpeza" na política:

A limpeza
pode ser
pior
que a porcaria

A ordem
pode ser
a maior
desordem

Borges diz que o interessante da metáfora em poesia é que seja sentida como metáfora. Em outras palavras, "matar o tempo", "quebrar o silêncio" ou "viralizar na internet" seriam "metáforas mortas", afinal, foram "gastas" a ponto de se tornarem expressões (quando a metáfora é absorvida pela língua, passa a se chamar *catacrese*). Se um meme "viraliza" na internet, ninguém pensa em organismos acelulares que são agentes infecciosos, algum vírus "contaminando" o mundo virtual (a internet) de forma literal. Por outro lado, a linguagem está o tempo todo criando formas de nomear a pluralidade da vida e do universo, com comparações, imagens, atualizações.

Em meio ao vocabulário da pandemia de covid-19 e do mundo digital (que sofreu uma aceleração nos últimos anos), surgiram muitas novas metáforas. De todo modo, a metáfora viral citada já estava lá em William Burroughs (e retomada por Laurie Anderson): "A linguagem é um vírus", e nós, seus hospedeiros, possibilitando sua propagação e mutação...

Há pouco li uma metáfora num poema de Carla Kinzo e fiquei me perguntando se ela seria outro "modelo" de metáfora, para pensar com Borges. Chama a atenção a forma paratática como ela constrói a comparação, pondo lado a lado duas coisas que podemos "quebrar": verso e xícara. (*Wabi sabi* é um conceito japonês ligado à estética e à filosofia zen, que valoriza as coisas simples, incompletas e transitórias.)

wabi sabi

quebrar um verso quebrar uma xícara
suspender do chão uma palavra
ainda quente pela asa

Como juntar os cacos das palavras depois de tudo? Em vez de "faxinar", como no poema de Szymborska, talvez seja possível pegar os cacos da palavra do chão, colar os versos para refazer os sentidos enferrujados e inventar outros, saindo do forno, em palavras ainda quentes...

Fábrica de imagens

Um dos conceitos mais fascinantes no campo das relações entre poesia e imagem é a figura da écfrase. Trata-se da representação verbal que descreve uma representação visual. Em outras palavras, um texto que descreve uma imagem. O recurso passou por muitas definições e foi se transformando conforme os usos, desde a mais antiga écfrase de que se tem notícia – a descrição do escudo de Aquiles na *Ilíada*, de Homero –, até os muitos experimentos feitos pela poesia moderna – de Wallace Stevens (e seu "O homem do violão azul", a partir de Picasso) a Murilo Mendes (e o tipicamente ecfrástico "Il quadro", que evoca Jan van Eyck).

Num estudo sobre a écfrase, a crítica portuguesa Joana Matos Frias chama a atenção para a prevalência, no conceito original, do *visualizável* sobre o *visível*. Ou seja, caberia destacar o modo como o texto *dá a ver* (em detrimento do objeto visto) ou sua capacidade relacional (e não só a possibilidade de "recolher imagens"). O que, em última instância, nos levaria a pensar num aspecto inerente ao processo de escrita da poesia: a capacidade de produzir imagens.

Gostaria de listar quatro écfrases interessantíssimas, a primeira delas mais recente, da poeta polonesa Wislawa Szymborska – que, aliás, produziu alguns diálogos desse tipo com as artes visuais (vários deles coligidos numa edição publicada em Portugal, *Um passo da arte eterna*) – e as outras em diálogo com obras de Pieter Bruegel, o Velho.

Em "Fotografia de 11 de setembro", Szymborska parte justamente de uma dessas imagens que se multiplicaram depois dos atentados terroristas de 2001, mostrando pessoas em plena queda diante das torres gêmeas. Embora sejam em si um pouco abstratas (um vulto de ponta-cabeça em queda livre em primeiro plano e, ao fundo, o padrão do prédio ou um pedaço de céu), sabemos bem o que essas imagens estão representando, pessoas que pularam dos andares em chamas dos prédios atingidos pelos ataques.

> A fotografia deteve-os com vida,
> e, agora, preserva-os
> sobre a terra rumo à terra.

A descrição do momento não é exatamente a descrição da foto, e aqui se concretiza aquela ideia de elaborar aquilo que *o texto dá a ver*: a situação trágica das pessoas que, na fotografia, vivem seus segundos finais de vida. O poema ainda tenta pausar o tempo (e o faz, com o corte do final) diante da perplexidade de quem assistiu à tragédia:

> Por eles, só posso fazer duas coisas –
> descrever este voo
> e não acrescentar a última frase.

Seguindo no campo das "quedas", há duas écfrases modernas que dialogam com a mesma tela de Bruegel, *Paisagem com a queda de Ícaro* (c. 1558): uma de W. H. Auden, "Musée des Beaux Arts" (1938), e outra de William Carlos Williams, que, aliás, dedicou uma série ao pintor holandês, *Quadros de Bruegel* (1962), na qual foi publicada o poema homônimo à tela. O poema de Auden tem duas estrofes: a primeira é mais meditativa, sobre a posição humana diante do sofrimento – de acordo com ele, os Velhos Mestres sabiam que o desastre deve seguir seu curso, enquanto as outras pessoas vivem sua vida –, e a segunda descreve o acidente na tela do artista flamengo, lado a lado com a placidez da vida:

> No *Ícaro* de Brueghel, por exemplo: como tudo volta as costas
> Pachorrentamente ao desastre; o arador bem pode ter ouvido
> A pancada n'água, o grito interrompido,
> Mas para ele não era importante o malogro; o sol brilhava
> Como cumpria sobre as alvas pernas a sumir-se nas águas
> Esverdeadas; e o delicado barco de luxo que devia ter visto
> Algo surpreendente, um rapaz despencando do céu,
> Precisava ir a alguma parte e continuou calmamente a velejar.

Também em diálogo com essa tela de Bruegel, William Carlos Williams escreveu "II. Paisagem com queda de Ícaro" (1962). É um texto mais curto que descreve justamente o instante congelado na tela:

> De conformidade com Brueghel
> quando Ícaro caiu
> era primavera
>
> um granjeiro estava lavrando
> seu campo
> [...]

Neste instante Ícaro se afoga, depois de tombar na água (produzindo "uma pancada n'água assaz/ despercebida [...]").

A última écfrase que gostaria de citar é de 1959, de Sylvia Plath (que foi aluna de Auden). "Duas visões de uma sala de cadáveres" remete a outra tela de Bruegel, *O triunfo da morte* (c. 1562), e é dividido em duas partes. A primeira traz uma cena que pode ser reconhecida no romance *A redoma de vidro*. A personagem entra numa sala de dissecação e observa os estudantes de medicina diante de cadáveres deitados. Inusitadamente, um dos rapazes arranca o coração de um dos corpos dissecados e entrega a ela. A segunda parte, que copio a seguir, pode ser lida como um espelhamento da cena descrita, mas transposto para a tela flamenga:

2.

No quadro de Bruegel, feito de matança e fumaça,
Só duas pessoas não enxergam a tropa de carniça:
Ele, flutuando no mar de cetim azul da saia
Dela, e cantando, voltado para o ombro nu
Da amada, enquanto ela se inclina
Para ele, erguendo uma partitura.
Ambos surdos ao violino nas mãos
Da caveira que ameaça esse momento.
O casal de Flandres resplandece; não por muito tempo.

A ruína, retida na tela, ainda poupa o espaço sereno
disparatado, situado embaixo, no canto direito do quadro.

Esses poemas, de certo modo, trabalham com uma espécie de "pedagogia do olhar": dão a ver o detalhe, aquilo que está escondido. A obra de Bruegel citada por Auden e Williams traz em primeiro plano o arador trabalhando e um barco de luxo a velejar, mas o título remete à queda de Ícaro (o "desastre"), que precisa ser localizada na tela (uma perna erguendo-se da água no canto inferior direito?). Já na segunda pintura de Bruegel, o desastre, pelo contrário, está em todo canto (afinal, trata-se de "o triunfo da morte"), mas Plath procura ler o que está escondido em meio à carnificina, o que resiste a todas as coisas: o *amor* – encarnado no espaço de respiro dos amantes (também no canto inferior direito da tela) – ou, na sala de dissecação, no gesto do amante que entrega à amada um coração. Segundo a lição dos Velhos Mestres, é preciso seguir vivendo em meio ao desastre e aos tempos mortíferos.

Inventário
das destruições
(arte poética)

Livremente inspirada no projeto *Inventário de destruições*, de Éric Watier, e no livro *Les Unités perdues* [As unidades perdidas], de Henri Lefebvre, decidi também fazer um inventário. O livro de Watier elenca, em breves notas descritivas, artistas e escritores que já destruíram ou jogaram fora algum trabalho. O projeto saiu no Brasil como livro de artista pela plataforma par(ent)esis, e pode ser lido no original em versão *work in progress* no site *l'inventaire des detructions*.

O livro de Lefebvre é feito de frases curtas (às vezes, só título e autor) e reúne uma lista de objetos destruídos ou perdidos – obras plásticas, livros, filmes, cartas; enfim, a lista é mais livre que a de Watier e a descrição de cada item é bem mais curta.

Decidi fazer um inventário cruzando um pouco as duas ideias: em parte como uma forma de homenagem aos dois textos, em parte guiada por uma curiosidade: *como meus contemporâneos compõem seus trabalhos?* O quanto destruir faz parte do processo? Será que já perderam algum trabalho que julgam importante e seu trabalho atual segue em diálogo com o ausente? Fiz o texto em duas etapas: primeiro, em 2020, quando mandei a pergunta pela primeira vez para alguns artistas, músicos e poetas e publiquei uma versão; depois, em 2024, quando ampliei os convites e incluí uma série de novas respostas e elementos. Mandei para 27 pessoas a seguinte pergunta: "Você já jogou fora ou perdeu algum trabalho?". Cinco pessoas não responderam. Quatro disseram que iam pensar. As outras 18 mandaram respostas e histórias muito bonitas e cheias de detalhes e que revelam muito sobre seus processos – ainda que falem de obras ausentes. Copio a seguir quase literalmente as respostas que recebi, apenas com alguns cortes. Muito obrigada aos meus contemporâneos pelas histórias compartilhadas!

No fim, acrescentei um comentário sobre os gestos narrados e incluí mais duas situações quase opostas: um caso em que se aproveita tudo da obra; o outro em que todo o trabalho de uma vida é ritualmente destruído. Cada um com sua arte poética. Boa leitura!

* * *

Em novembro de 2020, **Carlos Augusto Lima** teve o computador roubado: alguém entrou pela janela de seu apartamento à noite e furtou a mochila com o laptop sem backup que continha todos os seus poemas novos. Como ele havia mandado parte de seus textos recentes a uma amiga, conseguiu recuperar quase tudo, com exceção do poema longo "Amelia Earhart", que estava em processo. Era um texto sobre a aviadora norte-americana desaparecida em 1937 no oceano Pacífico quando tentava realizar um voo ao redor do mundo. Antes de sumir, Amelia passou por Fortaleza, onde mora Carlos Augusto, e tirou várias fotos aéreas e da cidade. O poema perdido cruzava as histórias da aviadora com as histórias da capital cearense e da família do autor.

Em 2015, **Adelaide Ivánova** escreveu um poema para o livro *Martelo* chamado "O aniversário ou o peixe", um texto sobre suicídio que acabou não entrando no livro. Para ela, a questão continuava em aberto. Nomeou uma pasta no computador como "ensaios que eu devia terminar", mas que nunca termina. Ali guarda textos inacabados e em processo, como este: "pode a subalterna fazer baderna?". Diante dessa pasta, Adelaide recoloca a pergunta: será que não terminar um texto é também jogá-lo fora?

Edimilson de Almeida Pereira escreveu um romance de formação aos 18 anos, chamado *O homem pálido*, que narrava o amadurecimento afetivo e político de três amigos: Hugo, Tadeu e Abílio. Datilografou o livro de 250 páginas ao longo de um ano, numa Olivetti Lettera, usando papel-carbono para fazer duas cópias. Guardou uma consigo e entregou a outra a uma professora do ensino fundamental que o incentivava a ler e a escrever. Depois de muitas mudanças de casa, o livro se perdeu. Ele aprendeu cedo que escrever, às vezes, é não prender a história entre as mãos.

Desde o início dos anos 1990, **Luiza Leite** tinha o hábito de anotar seus sonhos. Em 2020, sentiu que a existência desses relatos oníricos estava atrapalhando seu processo psicanalítico. Durante uma sessão no consultório, envolveu os cadernos num pano amarelo e costurou as bordas com linha vermelha. Por alguns meses, deixou os relatos inacessíveis dentro dessa espécie de travesseiro. A análise engrenou e, então, ela resolveu destruir os cadernos. Em casa, leu em voz alta durante oito horas ininterruptas o que havia escrito, queimando cada página em seguida.

Uma vez **Dimitri Rebello** estava num show do Moraes Moreira no Circo Voador quando sentiu o impulso de cortar a letra de uma canção sua, escrita dez anos antes, chamada "Ciúme/ suicídio". Era uma longa letra que ele jogou quase toda fora, mantendo apenas o refrão e acrescendo quatro versos. Outra vez, fechando seu livro *Ocupa*, ficou pensando num poema chamado "muito prazer", que julgava necessário ao livro, mas cuja versão não lhe agradava. Jogou fora o poema inteiro, mantendo só o título, e partiu para uma experiência de improviso, que acabou gerando o poema que está no livro – e que registra o processo de escrita: "este poema também era outro/ embora tivesse o mesmo título". Ele costuma trabalhar mais "deixando coisas de fora" do que descartando tudo.

Paloma Vidal passou três anos escrevendo um romance que seria seu primeiro livro, mas acabou jogando fora praticamente o arquivo todo. Um pequeno pedaço foi aproveitado e reescrito, transformando-se num conto de seu primeiro livro, *A duas mãos*.

No começo dos anos 2000, **Ismar Tirelli Neto** foi para Buenos Aires levando na mala o original de um livro de contos em fase de revisão. O material era uma cópia única, impressa em folhas A4, encadernado com espiral. Um dia, foi a um show de drags e começou a trocar olhares com um rapaz que ele logo descobriu ser surdo e instrutor de libras e que, no dia seguinte, ia pegar um voo para o Japão. Os dois tentaram conversar por mímica, até que Ismar lembrou do livro de contos na mochila, então começou a usar o verso das páginas do original para se comunicar com o outro por escrito. Eles passaram a noite juntos e Ismar esqueceu o original do livro no hostel onde ficaram. Essa perda não lhe causa nenhuma amargura específica, apenas uma boa memória desse outro tempo.

Rodolfo Caesar jogou fora sem dó duas músicas compostas por ele nos anos 1980, pela mesma razão: ambas tentavam ser irônicas, mas a ironia não estava evidente. As músicas mexiam com a apropriação de culturas não europeias, à moda da *world music*. Como a ironia não estava sendo detectada, os dois trabalhos soavam exatamente como aquilo que estava sendo criticado e, por isso, foram destruídos.

Veronica Stigger não joga nada fora: até mesmo aquilo que acha que não vai servir acaba entrando em algum projeto posterior. Funciona no "estilo Lavoisier": nada se perde.

Aline Motta não costuma jogar coisas fora porque em algum momento tudo acaba entrando em algum trabalho. Quando morava no Rio de Janeiro, foi vítima de um roubo e teve alguns HDs de computador levados, com arquivos da época em que vivera em Nova York. Ainda precisa organizar a memória daquele tempo para ver se sente falta de algo específico.

Em 2010, **Joca Wolff** leu *Perros héroes*, de Mario Bellatin, e, ato contínuo, traduziu o livro. Meses depois surgiu um convite para publicar a tradução, mas ele revirou todas as pastas do computador e não encontrou o arquivo. Sentou e traduziu outra vez os *Cães heróis*.

Fabio Morais destrói trabalhos antigos sem dó. Com o passar do tempo, é como se eles não tivessem mais sua autoria: se nem o mundo nem o acaso demandaram essas obras, elas se tornam sucata. Há três anos rasgou e jogou fora em torno de cinquenta obras que jamais expôs: gravuras e fotogravuras que estavam em umas pastas de plástico, obras produzidas entre 1999 e 2001. Foi sua mais recente destruição.

Sempre que abandona um projeto, a editora **Regina Melim** percebe que ele se materializa em outro. Em 2020, ela viu uma imagem da artista Ivana Vollaro que consistia numa placa branca com a frase *Hay lugar* escrita em tinta preta. Então pensou em fazer um projeto que seria composto de uma coleção de postais de diversos artistas (incluindo a frase de Vollaro), que ficariam disponíveis no site da par(ent)esis para serem impressos por quem quisesse. A coleção de postais acabou sendo abandonada, mas seu disparador foi instalado depois na quarta capa da publicação homônima dessa artista.

Ana Estaregui sempre joga fora poemas e trabalhos. No final de 2020 se mudou e, como não tinha espaço na casa nova, acabou jogando no lixo alguns trabalhos que estavam guardados. Um deles se chamava "Livro dos olhos": era uma caixinha preta (10 cm × 15 cm) que continha metade de uma casca de noz ao lado de uma folha seca de primavera, já desbotada. As duas tinham o mesmo diâmetro, e uma parecia a versão plana da outra. Debaixo vinha escrito: "ela fechou os olhos".

Antes de começar a escrever poesia, **Alice Sant'Anna** escreveu alguns contos e tinha uma ideia para um romance que chegou a trinta páginas. Um dentista vivendo uma crise de meia-idade decidia fugir e virar caminhoneiro. Ela passava madrugadas pesquisando sobre casos dentários para o livro. O material se perdeu em algum HD antigo.

Em 2013, **Ignacio Morales** escreveu um poema chamado "Huachuma", nome de um tipo de cacto que pode ser encontrado no Camino del Choro, trilha pré-incaica na Bolívia que ele havia percorrido ao longo de três dias. No fim da trilha, morava um eremita japonês que tinha fugido da Segunda Guerra. Quando voltou ao Chile, Ignacio escreveu o poema de dez páginas que narrava, além da viagem, o encontro com Tamiji Hanamura. Em 2017, estava no Rio e seu computador quebrou. Ele o levou a um técnico perto do metrô Cardeal Arcoverde, mas não era possível recuperar os arquivos, já que havia muita poeira dentro da máquina. O poema ficou perdido naquele computador.

Alexandre Wagner joga fora muita coisa. Em pintura, quase diariamente. De cada seis trabalhos, destrói mais ou menos dois. Se o trabalho não deu meio certo depois de algumas camadas, não adianta continuar pintando por cima, excessivamente. Prefere jogar fora e começar o mesmo trabalho de novo, pois acredita que o ponto de partida é que deve ter sido ruim.

Em 2020, em plena pandemia, **Marcio Junqueira** estava apaixonado por um artista catarinense. Como ele estava na Bahia, os dois não podiam se ver. Pensando em formas de estar mais perto, Marcio sugeriu que fizessem um livro juntos: *Você com 27, eu com 39*, título que remetia ao poema "A magia dos números", de Kenneth Koch. Marcio imprimiu parte das conversas dos dois no WhatsApp (265 páginas A4), juntou com outros materiais que eles tinham trocado e começou a decupar o conteúdo. Durante o processo, mandou uma versão do projeto para o artista, mas o boy deu um *ghosting* nele. Depois de alguns meses – quando o outro reapareceu e vieram longas brigas e corações partidos –, Marcio pediu que ele queimasse todo o material do livro. E assim foi feito. Três anos depois, Marcio se apaixonou por um bailarino mineiro, Gabriel. Todos os dias, desenhava Gabriel no meio de sua rotina (dormindo, ensaiando, cozinhando) e escrevia sobre o amado num diário íntimo. Até que decidiu fazer um livro de artista com esse material: "Você com 24, eu com 42", que reunia 33 desenhos e 33 pequenos textos (24 + 42 = 66). Eles terminaram dois dias depois que Marcio fez 43 anos.

* * *

Se, para os artistas plásticos, o gesto de destruição parece estar mais presente durante o processo (afinal, trata-se de uma dimensão diferente da materialidade), já para os escritores, as marcas de destruição podem não estar tão evidentes. Como costumam deixar os arquivos que não são publicados no computador (ou incorporar o gesto de "destruir" com um simples delete), as respostas apontaram mais para situações de perda de originais impressos, de arquivos e computadores – e menos para situações em que se ritualiza a destruição. Será que a decisão de não incluir um texto num livro não seria também um gesto de destruição, um filtro? Desistir não seria também destruir? Um gesto de jogar o trabalho na lixeira?

Depois de finalizar este texto, deparei com duas histórias interessantes e praticamente opostas. A primeira está numa entrevista com Adília Lopes, no livro *Palavra de poeta*. A entrevistadora Denira Rozário lhe pergunta: "Destrói muito o que escreve?" Incorporo a resposta de Adília Lopes abaixo:

Adília Lopes destrói muito pouco o que escreve. Considera o poeta um trapeiro, no próprio lixo pode descobrir um resto de maçã que o sustenta.

A segunda história está narrada num podcast da Rádio Novelo. É sobre a vida e a obra de **Dulce Carneiro**, poeta que pertenceu à Geração de 45, e que se tornou uma importante fotógrafa, bastante conhecida na época, atuando nas áreas de retrato, arquitetura e industrial. Nos anos 1990, Dulce desilude-se com a fotografia, vende sua Rolleiflex e vai morar no litoral paulista, mas antes disso, num gesto inexplicável, destrói seu trabalho de décadas como fotógrafa, picotando com uma tesoura todas as imagens e negativos.

Escrever com uma tesoura

Escrever com uma tesoura

Um guarda-florestal francês tinha o curioso hábito de recortar seus livros. Essa história é contada por Antoine Compagnon em *O trabalho da citação*. O tal "homem da tesoura" cortava dos livros tudo o que lhe desagradava, deixando apenas as passagens de que ele gostava – os duzentos versos de Baudelaire ou o jantar na casa da duquesa de Guermantes, de Proust. Dessa forma, ao reler os livros, ele podia encontrar apenas seus trechos preferidos e evitar tudo de desagradável que houvesse ali. Ao mesmo tempo, transformava a leitura num gesto material, uma atividade com tesoura e papel, que remetia à infância.

Para Compagnon, o ato do guarda-florestal segue a mesma lógica do leitor que anota suas passagens preferidas num caderno, ou que lê com um lápis sublinhando o que quer destacar (em detrimento do resto). Um leitor como Paul Valéry, por exemplo, que lê rapidamente, pronto para agarrar sua "presa".

O desdobramento da questão no livro de Compagnon caminha na direção da escrita. Para ele, um dos momentos do processo de leitura é justamente o da *escrita*, que nada mais é do que um trabalho de *reescrita* de coisas prévias: de citações, de elementos descontínuos e heterogêneos, de fontes variadas, colagem e comentário. O *autor* é sempre também um *leitor* em diálogo com livros já lidos, com textos e personagens que ama, com poemas que ficaram colados na memória, com fragmentos e pedaços da cultura que constituem sua própria subjetividade. Como Robinson perdido numa ilha tentando reconstruir a vida com os despojos de um naufrágio. Tal é o gesto da escrita.

* * *

Ana Cristina Cesar foi uma das nossas maiores autoras-leitoras e escrevia imersa numa cena de leitura como a descrita anteriormente: do recorte e da colagem, feita com a tesoura na mão, buscando frases, versos, traçando linhas, tentando capturar suas presas. Flora Süssekind define a poesia de Ana C. como uma "arte da conversação", pela forma como ela incorporava textos, tons e ritmos diferentes, pelo diálogo com outros poemas e outras artes, elementos evidentes nos cadernos e rascunhos da poeta.

É interessante pensar também em sua prática tradutória do ponto de vista da escrita. A poeta buscava fazer versões, treinar a mão, experimentar o verso de um autor aqui, de outra autora ali e construir sua própria voz a partir dessa conversa a muitas vozes. Vale lembrar de um poema da pasta rosa, em que ela se coloca justamente como *leitora* (e tradutora) e escreve em diálogo com (e reescrevendo) um poema de Lawrence Ferlinghetti:

> lendo Ferlinghetti não penso
>   em Nova York no verão
> mas nos cheiros de pessoas que não suspeitam
>   que tem cheiros

e em mim de volta
tentando decifrar saudades,
ficções do Humaitá
lendo Ferlinghetti não penso
nos amantes cobertos pela árvore
resistindo e rasgando-se de novo
penso sim

Ana Cristina diz que "não pensa" na Nova York de Ferlinghetti e que está de volta ao Rio, mas no final do poema diz que pensa, *sim*. Afinal, recortou e colou (transformando) o poema dele: ela parte das palavras do poema dele, num gesto de *mise en abyme*: Ana C.-lendo-Ferlinghetti que, por sua vez, estava lendo Yeats.

Não à toa, o poema de Fernlinghetti também é um poema de *autor-leitor*, que evoca e recorta William Butler Yeats de suas arcádias bucólicas na Irlanda e o coloca em pleno verão urbano em Nova York, num livro perdido. E recortado. A seguir, um trecho do poema dele:

Lendo Yeats não penso
            na Irlanda
mas em Nova Iorque no verão
            e em mim mesmo lá de volta
    lendo o livro que achei
            no Elevado da Terceiravenida

[...]

Lendo Yeats não penso
            na Arcádia

  e seus bosques que para Yeats estavam mortos
      penso ao contrário

  em todas as faces desfeitas
      descendo em pontos do centro
  com seus chapéus e seus empregos
   e naquele livro perdido que achei
      de capa azul e miolo branco
 no qual estava escrito a lápis
          CAVALEIRO, SIGA ADIANTE!

* * *

O poema é feito de muitos diálogos, numa teia que vai sendo tecida com vozes diferentes, com velocidades e tempos variados. Como a *manhã*, em "Tecendo a manhã", espécie de arte poética de João Cabral de Melo Neto, tecida e erguida por muitos galos juntos que vão cantando: um apanha o grito que outro lançou e assim, indo de um a outro, aos poucos, o poema vai sendo escrito. O autor é leitor, a autora é leitora, e escreve com, a partir de, recortando, repensando, deslocando. Poetas em diferentes lugares e línguas buscando um canto comum, a conversa infinita da poesia.

 Falando em João Cabral, ele próprio recortou e reescreveu, em 1943, o poema "Quadrilha", de Carlos Drummond de Andrade, numa espécie de exercício dramático em que deu voz a alguns desses personagens do texto drummondiano:

João amava Teresa que amava Raimundo
que amava Maria que amava Joaquim que amava Lili
que não amava ninguém. [...]

Os versos de Drummond se convertem no poema a três vozes "Os três mal-amados", em que falam apenas os "mal-amados" do poema de Drummond (João, Raimundo e Joaquim). Em Cabral, eles não conversam, mas falam sozinhos, numa espécie de monólogo dramático a três vozes.

Pensando em outras reescritas de "Quadrilha", há duas contemporâneas que são afins ao humor drummondiano, mas que atualizam algumas questões trazendo outros discursos para a cena de escrita. "Virilha", de Maria Isabel Iorio, é a versão trans do poema dos desamores que joga com a identidade dos personagens:

> João era Teresa que era Raimundo
> que era Maria que era Joaquim que era Lili
> que não era ninguém.
>
> João foi para os Estados Unidos, Teresa para as estatísticas,
> Raimundo morreu de pancada, Maria ficou para a fila,
> Joaquim suicidou-se e Lili ainda é chamada de
> J. Pinto Fernandes como toda essa gente que não entra na
> História.

Por fim, a "Quadrilha irritada", de Ricardo Domeneck, uma versão satírico-paródica (que transcrevo abaixo, pois não aparece por escrito na obra do autor, apenas em uma versão em vídeo):

> Ricardo amava um filho da puta que amava Ricardo
> até que outro filho da puta entrou na história
> e como estão equivocadas a física e as estatísticas
> e são os iguais que se atraem, não os opostos,
> filho da puta e filho da puta

amaram-se mutuamente
e Ricardo ficou para tia
ou à espera do próximo filho da puta
a não ser que suas preces sejam atendidas
e todos os filhos da puta do mundo
morram de desastre.

Quase poesia

Sempre me comoveram textos que caminham para as fronteiras dos gêneros: um romance feito de cartas; poemas que são diários ou falas; ensaios que são poemas; peças que são testes; tradução que é leitura... Na expressão certeira de Pierre Alferi e Olivier Cadiot: *OVNIS*, Objetos Verbais Não Identificados. Fora do campo verbal, também costumo ser atravessada por obras que estão na fronteira das linguagens: esculturas que são paisagem, filmes-manifestos, fotografias que são ensaios, gravuras que são textos, documentários na forma de diários, livros que são obras visuais...

Gertrude Stein, Godard, Anne Carson, Montaigne, Choderlos de Laclos, Aline Motta, Antony Gormley, Mira Schendel, David Perlov, Tamara Kamenszain, Grace Passô, Bolaño, Walter de Maria, Bernadette Mayer, Ruy Duarte de Carvalho, Taryn Simon, Augusto e Haroldo de Campos, Mario Montalbetti...

Ultimamente tenho ouvido bastante a expressão "poema expandido" para tratar de alguns desses atravessamentos. Eu mesma gosto de dar um curso com esse nome, tentando lançar luz sobre textos que trabalham com elementos híbridos, com recursos mais identificados com determinadas "etiquetas" e que se tocam e transformam o espaço do texto. A ideia no curso é partir do ponto de vista da poesia, mas o termo "expandido" (ou ampliado!) é quase um lugar comum na arte desde o texto clássico de Rosalind Krauss, "A escultura no campo expandido" (na primeira versão que saiu no Brasil, a tradutora Elizabeth Carbone Baez usa o termo "ampliado" para *expanded*). Krauss busca pensar o caminho tomado pela escultura desde o final do século XIX, analisando algumas de suas manifestações nos anos 1970 que seguem na direção da instalação, da *land art*, num abandono da identificação da escultura com o monumento (que era convenção nos séculos anteriores). A crítica mostra que a tentativa de encaixar obras tão diversas na mesma categoria ("escultura") traz certo historicismo vanguardista ao pensar numa espécie de evolução de formas e daí viria o campo ampliado que ela sugere.

De todo modo encontrei há pouco, no livro *Escritaexpográfica*, de Fabio Morais, um questionamento precioso da expressão "literatura expandida", que me fez rever o uso do termo "expandido". O texto de Fabio também pode ser lido como um *OVNI*: é tese de doutorado, sala de exposição, romance de formação, com a proposta de ser, ao mesmo tempo, análise minuciosa de obras visuais brasileiras que trabalham com a palavra. Numa coluna do livro, ele desenrola a parte mais analítica da tese; na outra, o percurso formativo do artista num texto que performa muito do que está sendo analisado.

A certa altura desse experimento-acontecimento, o artista traz uma discussão acerca do termo "expandido", mostrando que a palavra está ligada a um contexto neocolonial (e a um debate cultural importado) e foi trazida para o Brasil de forma acrítica, naturalizando o ideal hiperneoliberal presente no termo: ideal de dominação violenta, de conquista sem limites etc. A ideia de "expansão", segundo ele, implica a existência de um território definido que precisa ser ampliado, como numa guerra.

Ora, eu gostaria de pensar o poema justamente como aquilo que não se apreende, aquilo que escapa, que não tem essência nem território definido. O poema não buscaria se expandir, ao contrário, ele é atravessado e tomado pelo mundo, está em deslocamento constante e em transformação. Acredito que ele seja aquilo que tenta se descolar de alguma essência e do lugar-comum, do que está cristalizado. Portanto, não poderia ser "expandido", pois não tem solo, território definido, estabelecido, nítido. Embora eu mesma use o termo (que me traz muitos elementos para pensar na possibilidade que a forma-poesia encontra de se transformar), considerando esse viés, é melhor tentar encontrar outras maneiras de pensar no assunto.

Fabio de Morais sugere o termo "quase literatura", a partir do "quase cinema" de Hélio Oiticica. Que, pensando bem, se aproxima do *Quase memória*, (quase) romance de Carlos Heitor Cony. E também de Drummond, de "Procura da poesia" (em busca dos poemas em "estado de dicionário"). E de Augusto de Campos, do poema "Não", "meu amor dor/ não é poesia/ amar viver m/orrer ainda/ não é poesia // escrever p/ ouco ou muito/ to calar fa/ lar [...]" etc. etc.

Ainda não é poesia. É quase.

Três artistas: entre texto e fotografia

Na fronteira entre texto, fotografia e gesto conceitual penso em três artistas contemporâneas com trabalhos diferentes entre si, mas que de algum modo pertencem à mesma família criativa: Bernadette Mayer, Luiza Leite, Taryn Simon. Bernadette Mayer, poeta norte-americana (e única mulher incluída na antologia da Escola de Nova York), tem um trabalho que começa nos anos 1960/70 a partir de experimentações e comandos específicos. Em 1972, ela expôs *Memory*, que consistia em 1116 fotografias acompanhadas de áudios descrevendo ações de seu dia. Durante um mês ela tirou um rolo de filme fotográfico de 35 mm por dia e gravou sete horas de descrições e comentários, numa espécie de diário. O trabalho está no site da artista e traz uma boa dimensão do gesto intermídias de sua obra, mas o que eu queria comentar é o único livro dela lançado aqui no Brasil, chamado *As Helenas de Troia, NY*, publicado originalmente em 2013.

Certo dia, Mayer conheceu uma mulher chamada Helena, que tinha nascido numa cidadezinha de nome Troia, próxima a Nova York. Achou muito curiosa essa atualização da Helena de Troia em território norte-americano e em pleno século XXI, então decidiu buscar todas as mulheres chamadas Helena nascidas em Troia (NY), fazer entrevistas com elas e escrever poemas a partir dessas conversas. O livro traz quinze poemas, um para cada Helena, e mais um texto final sobre a cidade de Troia (antigo polo industrial que no começo dos anos 2000 estava bastante decadente).

Cada poema vem acompanhado por uma foto de sua respectiva Helena e os poemas são escritos com texturas e tons diferentes, assumindo características ligadas a cada uma dessas "personagens"; eles jogam também com formas fixas, como vilanelas, sextinas e sonetos. A memória parece ser um dos elementos que saltam aos olhos aqui, junto com as ruínas – da cidade e da própria vida – nessa espécie de mapa cheio de camadas, com cruzamentos de elementos que se repetem nas histórias (por seu caráter público), num vaivém entre o coletivo e o privado.

* * *

"Música maravilhosa do cinema vol. 2" é o título do poema da escritora e artista Luiza Leite escrito a partir de uma espécie de comando. Ela foi até o chamado "Shopping Chão" no Rio de Janeiro, e pediu aos ambulantes que escolhessem um dos objetos à venda e lhe contassem a história desse objeto. O Shopping Chão é uma feira ao ar livre em que os vendedores ocupam algumas calçadas no bairro do Catete para vender objetos usados. Assim tem início o poema:

> as coisas meio que caem
> umas por cima das outras
> trazidas por uma enxurrada
> as coisas meio que caem
> a céu aberto

em cima dos panos
ou pedaços de plástico
meteoros
estrelas raras
e corriqueiras
dados arremessados
em intervalos irregulares
sobre o veludo
de uma mesa de jogo
as coisas meio que caem
em arranjos
mais ou menos intencionados
como se pingassem
uma por uma
de um guindaste alto
conta-gotas

Ao se chegar naquele lugar, é esta a impressão: de objetos amontoados. Aos poucos o poema começa a percorrer muitos desses objetos, numa espécie de enumeração caótica que nomeia cada um dos itens expostos no chão sobre as lonas. Aos poucos entram também a voz de cada vendedor, as conversas e histórias que vão singularizar cada objeto:

> deixa eu ver do que você gosta!

> ela gira meu corpo
> levanta meu casaco pra ver a blusa que estou vestindo
> [...]
> não tenho uma dessas pra te vender.
> esse tênis dá em você?

O poema termina num susto, com a voz de um deles (em itálico) dizendo que recebeu o áudio de um amigo em Copacabana alertando sobre a chegada do rapa: "a inspeção está vindo em direção ao Catete". Mas com o adendo:

> avisa aos peruanos pra guardarem a mercadoria
> só confiscam produtos lacrados
> as coisas usadas não valem nada

Nesse momento em que o poema assume um tom mais político, ele termina com uma foto dos objetos usados comprados, mostrando sua singularidade e força. Uma camisa de oncinha, um disco do Pavarotti, um secador de cabelo, um par de tênis, um livro da Jane Austen e uma *ecobag* com a frase "I love Glamorous".

* * *

Taryn Simon é fotógrafa, com um trabalho que muitas vezes inclui textos e narrativas acompanhando as imagens. Ela mesma diz que "noventa por cento do seu processo fotográfico não é, de fato, fotográfico. Ele envolve um trabalho enorme de escrever e-mails, pesquisar e dar telefonemas para chegar aos 'temas', que abrangem muitas coisas: de líderes do Hamas em Gaza até um urso preto hibernando em uma caverna na Virgínia Ocidental". No site de Simon é possível ver várias de suas obras, como *The Innocents* (2000-2003), que consiste em fotos de pessoas que foram julgadas culpadas por crimes de morte mas depois declaradas inocentes. Essas imagens foram feitas no local dos crimes.

Em *An American Index of the Hidden and Unfamiliar* [Inventário norte-americano das coisas escondidas e desconhecidas] (2007) – composto de imagens que são ou bastante abstratas, como as câmaras de uma empresa de criopreservação (congelamento pós-morte), ou no mínimo idiossincráticas, como os tigres brancos em cativeiro que nascem de procriação consanguínea –, as imagens são acompanhadas por textos que nomeiam e explicam em detalhes as cenas e objetos apresentados. Segundo a artista, o que mais lhe interessa é o "espaço invisível entre um texto e a imagem que o acompanha, e também o modo como a imagem é transformada pelo texto e o texto pela imagem". Se a imagem tende para a abstração, sugerindo verdades múltiplas, o texto funciona como uma "âncora cruel", diz ela, que, de algum modo, deixa a imagem presa ao chão.

Três mulheres. Três Ls

Três mulheres. Três Ls. Três línguas. Três corpos (ou recortes de corpos, ou ângulos de corpos). As três nascidas entre 1943 e 1953. Poesia, artes visuais, tradução, mas não necessariamente nessa ordem, ou melhor, poesia, artes visuais e tradução se atravessam nesses trabalhos de Lu Menezes (1948), Lenora de Barros (1953) e Leslie Kaplan (1943).

O poema "Cola com anticolas", de Lu Menezes, parte de um verso de Dylan Thomas ("*O make a mask!*") para fazer a própria súplica ("*O make me an angle!*") e buscar o que o poema chama de "anticolas": outras máscaras possíveis e mais literais. A primeira delas é um trabalho fotográfico de Lenora de Barros, em que a "artista paulistana" começa a escovar os dentes e, pouco a pouco (a cada foto), transforma a pasta de dente numa máscara branca que cobre o rosto inteiro (o trabalho de 1975 se chama *Homenagem a George Segal*). No poema de Lu Menezes, essa cena é posta lado a lado com uma cena de um filme da "cineasta belga" Chantal Akerman em que a personagem começa a engraxar as botas até que, de repente, passa a cobrir toda a perna com graxa preta e termina incinerando o cômodo inteiro, deixando tudo preto. "*O make me an angle!*", pede o poema que anseia por uma máscara vermelha (na última estrofe), tal como a sala da obra de "Cildo" (a "anticola vermelha" de Cildo Meireles, *Desvio para o vermelho*), que só tem objetos vermelhos.

Cola com anticolas

O make me an angle!
você aos céus implora
na cola de Dylan Thomas rogando
O make me a mask!

e na branca anticola
daquela artista paulista escovando
os dentes até não mais se ver
um pingo de rosto atrás
da máscara de pasta...

e na negra,
da cineasta belga engraxando
as botas e depois
as pernas e depois
incinerando a habitação

– Do Cosmo ao subsolo
na anticola vermelha de Cildo,
O make me an angle!
– insistes

na frente do espelho
passando o batom sem ultrapassar
limites... sem se desviar... respeitando
o contorno labial, o entorno social;
exorcizando
todo extra-artístico risco de escândalo
que algum milimétrico
impulso inoportuno possa criar

No final do poema, no impulso de fazer o vermelho transbordar, ela anota que precisa respeitar os limites e contornos sociais ao pintar os lábios e não pode deixar escapar nem um milímetro de "impulso inoportuno", embora queira a *anticola* da máscara vermelha. Esse texto com imensa capacidade de síntese (e feito de *anticolas*) me levou a pensar num outro trabalho de Lenora de Barros, dessa vez o poema visual chamado "Poema", publicado pela primeira vez como um pôster na revista *Zero à Esquerda*, em 1981. Em seis fotos, a artista representa o embate da escrita: primeiro, a boca aberta mostra a língua saindo. Depois a língua chega ao teclado e vai aos poucos tocando as letras, primeiro num gesto suave, mas, na foto seguinte, aparece entrando na máquina de escrever para lamber (ou tocar) a ponta das letrinhas (justo onde a escrita se materializa), então começa uma espécie de embate da língua com a máquina, até que, afinal, todas as letras se concentram na direção do papel – se juntam formando o poema (que captura a língua, mantendo-a num arco teso).

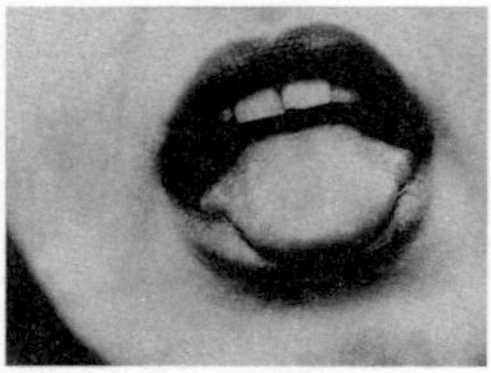

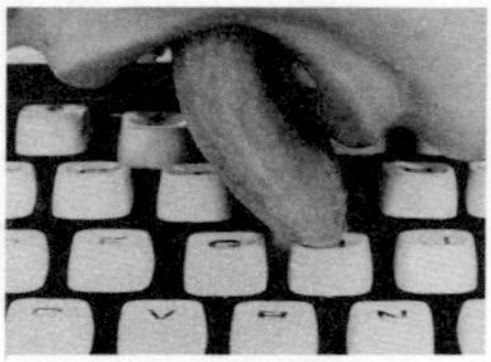

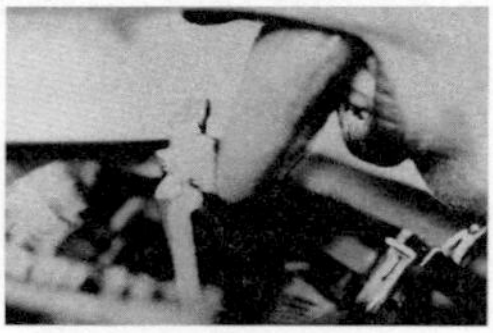

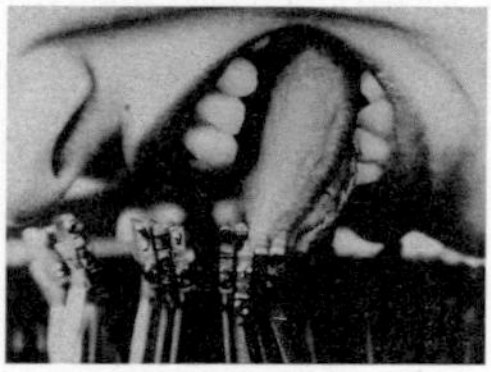

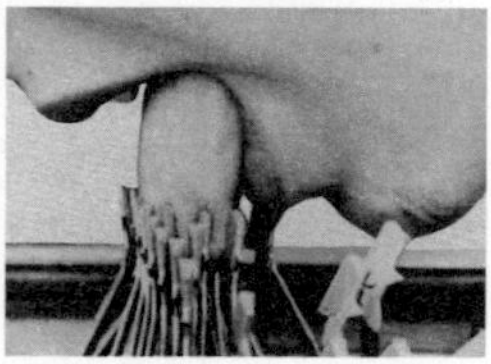

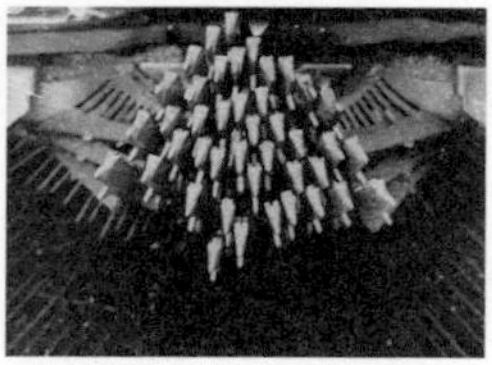

Em terceiro lugar, um terceiro corpo que é, literalmente, outra *língua*: um texto de Leslie Kaplan, chamado "Translating is Sexy". O poema é uma resposta à enquete feita pela revista francesa *Action Poétique*: "A forma-poesia vai, pode, deve desaparecer?". Gosto muito da formulação, pois já na pergunta a revista tira o poema do seu lugar e sugere que ele é uma forma-poesia, algo mutante, mais informe do que predefinido. Leslie Kaplan, que é uma poeta bilíngue (franco-americana), responde aproximando a poesia da tradução, num poema bilíngue (inglês-francês).

Para ela, a poesia é uma troca entre duas línguas que buscam um ponto de encontro: talvez um beijo, lá no fundo da boca, um gesto como a tradução, um encontro que produza faísca, que faça as palavras saírem do livro, entrarem na vida, no corpo, na fala, no ar. Inseri a tradução completa desse poema no meu livro *Um teste de resistores* e deixo aqui o começo dele, como sugestão de uma anticola, forma-poema, uma faísca que produz afinal outro ângulo para ver as coisas:

a poesia é um beijo
entre duas línguas
a french kiss
ou
um beijo americano
buscar o ponto
em que as duas línguas se encontram
lá no fundo
da boca
ou numa superfície
a ponta da língua
contra a ponta da outra língua
how do you say that in english?

i love you
that's all
and
hold me tight
and
give it another try
baby
qual é o ponto de encontro
the meeting point
mas isso lembra o ponto
da carne
i can't meet you here
dear meat
let's play
a game
um jogo
translating
is sexy
I know that
so
a boca the mouth
a língua the tongue
[...]

A rua deserta e dentro de casa

Um homem eu caminho sozinho
nesta cidade sem gente
as gentes estão nas casas
a grippe

Assim começa *O mez da grippe*, de Valêncio Xavier, primeiro livro que peguei na estante naquele 2020 que já parece longínquo, mas tão presente até hoje. Ainda sinto calafrios ao lembrar da cena descrita pelo "protagonista" nos versos acima, e que tivemos que viver tão intensamente. *A rua deserta, as gentes nas casas, a gripe.* Lembro de uma das primeiras vezes em que saí de casa no começo da quarentena, meio apressada, a rua vazia, quando passou por mim um homem com um lenço na mão, me olhou firme e disse "meus olhos estão ardendo muito". E todas as imagens que se acumularam depois disso parecem saídas do livro de Valêncio Xavier.

Poemas recortados, novela, livro-colagem, romance gráfico, diário de apropriações de documentos de época: muitas etiquetas cabem para defini-lo, mas nenhuma parece dar conta. Com formato de diário (de 20 de outubro a 3 dezembro), ele é composto de notícias variadas tiradas de dois jornais curitibanos que vão sendo montadas com outros textos, como as muitas falas de Dona Lúcia, uma sobrevivente da gripe, datadas de 1975 e 1976:

> Como saber quantos morreram? O governo não ia dizer o número verdadeiro dos mortos para não alarmar. Até hoje, ninguém sabe ao certo.
>
> *Dona Lúcia, 1976*

Também aparecem anúncios diversos (por exemplo, de uma funerária da cidade), intervenções gráficas de todo tipo – cartões-postais, desenhos de rostos, cruzes –, falas de autoridades acerca da situação da epidemia e vozes que podem ser falas de personagens específicos, como as do protagonista citado no início, que caminha pela cidade e entra nas casas, identificado por uma leitura muito bonita que Flora Süssekind fez desse livro em *Papéis colados*.

Em meio ao material recortado do jornal, aparecem as negociações para o armistício de 1918, as notícias sobre a gripe e alguns recortes da seção "Vida Social" – por exemplo, sobre os cinemas, que primeiro deviam ser fechados, depois voltaram a funcionar três vezes por semana e, por fim:

> Os cinemas fecharam
> A gripPe torna-se contagiosa
> Sete dias por semana
>
> Agora está mesmo morrendo muita gente.

* * *

Sempre que entramos em momentos coletivos emergenciais, em que estamos suspensos por uma situação coletiva de exceção, ficamos sem palavras. Por isso talvez a importância nessas horas de encontrar outras formas de dizer, pela via do poema, das imagens, das manifestações visuais. Uma pergunta que sempre fiz me volta nas situações extraordinárias: o que as pessoas se dizem em momentos difíceis e excepcionais? Por exemplo, durante uma guerra ou uma catástrofe? Como a vida acontece nesses momentos? Estou falando do dia a dia, do rés do chão. O que acontece na intimidade de casa, nas palavras entre dois, em meio a uma atmosfera irrespirável? O que as pessoas dizem umas às outras?

Um dia, encontrei um cartão-postal enviado do Rio de Janeiro para a França em novembro de 1914, já com a Primeira Guerra em curso. Gosto tanto dele que incluí no fim do meu livro *Parque das ruínas*. De um lado está retratada, em preto e branco, a praia de Botafogo, com o Corcovado ao fundo e a legenda: "Enseada de Botafogo (Avenida Beira-mar), Rio de Janeiro". No verso, o texto em letra cursiva, os carimbos do correio, um documento de época, um pedaço de 1914 pulsando na minha mão.

Quando a rua ficou deserta naquele 2020, fui reler este cartão. Quando as bombas explodiram, fui reler este cartão. Quando as enchentes começaram, quando perdi minha mãe, quando tive o diagnóstico da doença... Peço licença para usá-lo aqui outra vez, em outro contexto, pois, apesar da tristeza, ele fala sobre *ter confiança e coragem*. E *esperança*. E porque as palavras são tudo o que temos para transformar as coisas. Um beijo nas crianças.

10 de novembro de 1914

"Meus queridos
Queridos amigos
Neste momento de tanta dor, que alento seria ter notícias de vocês. *Estou triste mas cheia de confiança e coragem.* Lamento não poder ajudar. Gostaria tanto de estar perto e dividir o pesar. Penso muito e com todo o afeto em vocês. Um beijo nas crianças."

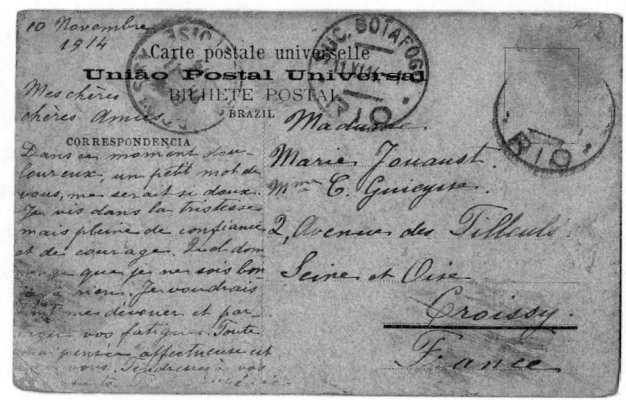

Bonecas russas (restrições e comandos)

Gosto de um texto sobre o grupo francês Oulipo em que François Le Lionnais, um de seus fundadores, diz o seguinte: "Toda obra literária se constrói a partir de uma 'inspiração' (ao menos é o que os autores dizem) que deve se acomodar a uma série de restrições e procedimentos que vão se encaixando uns nos outros como bonecas russas". Para ele, essas restrições começariam no vocabulário e nas regras sintáticas e gramaticais, que valeriam para todos, e iriam até regras "específicas" como, nos romances, os capítulos, na tragédia, a regra das três unidades, na poesia, as regras de versificação ou as formas clássicas.

A proposta do Oulipo (Ouvroir de Littérature Potentielle) com seus laboratórios de escrita era multiplicar o campo de restrições "específicas", apresentando novos comandos e atualizando os antigos, buscando novas ferramentas de escrita em sintonia com o mundo contemporâneo. Os participantes do grupo se encontravam e compartilhavam essa série de restrições avaliando quais eram mais interessantes para a produção de cada um (e adaptando-as se fosse o caso). O resultado deveria ser analisado num segundo momento, pois inicialmente o que importava para eles era experimentar, fazer o "jogo" com as palavras.

Tanta coisa terá ido para a lixeira dos poemas que não se acomodaram. Por outro lado, essa lixeira pode ter servido para indicar caminhos a outros tantos poemas que, afinal, se encaixaram. Felizmente.

Pensava nisso ao assistir a um encontro em São Paulo com a presença de Kenneth Goldsmith, poeta e performer à frente da "escrita não criativa", autor de vários livros que sistematizam e atualizam procedimentos como cópia, colagem, pirataria, *samplers* etc. Aliando tais recursos às tecnologias contemporâneas, os caminhos e as possibilidades de restrições para a escrita não cessam de se multiplicar, diversificando as maneiras de nomear o nosso mundo. Se Goldsmith parte de transcrições de boletins de trânsito ou meteorológicos (nos livros *Traffic* ou *Weather*), há poetas que partem de material jurídico (como Vanessa Place) ou de sites com depoimentos de terroristas e camicases (como Franck Leibovici) ou de discursos políticos de deputados brasileiros tirados do site da Câmara dos Deputados (como Roy David Frankel).

Apropriações desse tipo não são novidade (na poesia brasileira há alguns clássicos, como "Pau Brasil", de Oswald de Andrade), mas na era digital o gesto de lidar com textos alheios está a um clique da mão e se torna quase regra. A pergunta que se apresenta é como, afinal, fazer isso funcionar e quais recursos formais (específicos da poesia ou não) utilizar.

Por serem trabalhos híbridos, permitem perceber a poesia em outros lugares também. Gosto muito de um experimento da artista britânica Lenka Clayton, chamado QQQQQQ ("Qaeda, Quality, Question, Quickly, Quickly, Quiet"), em que alia o gesto de apropriação e edição. Ela partiu do discurso de George W.

Bush sobre terrorismo proferido pouco depois do 11 de Setembro e editou o vídeo de modo a ordenar alfabeticamente as palavras ditas pelo presidente. O resultado é desconcertante, pois torna evidentes as repetições da fala na ordem alfabética (ele diz as palavras "America/Americans" em torno de sessenta vezes). A implosão do discurso original dá a ver outros aspectos da situação e nos leva a pensar inevitavelmente no resultado que teríamos ao aplicar esse mesmo procedimento aos discursos extremos de certos políticos brasileiros dos últimos anos.

É claro que um procedimento desse tipo (que poderia desencadear a escrita) não garantiria o resultado, e talvez um poema daí resultante nem se encaixasse na "série de bonecas russas" que produziriam uma obra, como sugere Lionnais, mas a existência desses experimentos abre alguns caminhos para refletirmos sobre o que chamamos de poético.

Em uma ilha de edição

Começo em Tânger, nos anos 1940, contando uma história sobre o escritor francês Emmanuel Hocquard, que morou nessa cidade durante a infância. Num exercício de memória, Hocquard se lembra da figura do arqueólogo César Luis de Montalbán, cujo trabalho consistia em escavar e recolher, no litoral atlântico de Tânger, os vestígios e restos de um antigo estabelecimento romano do século I. O arqueólogo organizava o material encontrado em grandes mesas tentando remontar os afrescos e murais que teriam existido ali 19 séculos antes. Depois de muito esforço para reintegrar o conjunto original, Montalbán constatou que os fragmentos se mostravam inaptos a uma reconstituição. Pelo viés da lacuna, nota Hocquard, a irredutibilidade dos fragmentos na remontagem do original sugeria o desaparecimento do suporte e da origem e a hipótese de uma nova redistribuição do mundo.

A metáfora arqueológica usada por ele serve para indicar o método que adota em alguns de seus livros, como em *Teoria das mesas*, por exemplo, que já no título traz a ideia da *tábula rasa* a partir de onde o autor estabelece um jogo de relações poéticas. Esse método arqueológico é constituído por duas operações: uma que consiste em reunir o que ele chama de "objetos de memória", admitindo seu caráter fragmentário e incompleto; e a segunda, em estabelecer relações entre esses objetos, relações que respeitem a multiplicidade e a heterogeneidade e que possam produzir formas e conteúdos até então não evidentes. No caso deste seu livro, *Teoria das mesas*, o autor coleciona seixos, cacos e pedras encontrados em viagens e busca traçar relações entre a linguagem e esses restos concretos que ele recolhe do mundo. Em outros livros, tais "objetos" estão representados por lembranças e enunciados, que geralmente se ligam a um contexto biográfico.

Faço, então, a pergunta: e se esses "objetos de memória" fossem, de fato, arquivos e registros escritos e tirados da história, ou seja, material documental recortado e reagenciado para um contexto literário, como entender as relações em jogo? Nesse caso, de que maneira os discursos refeitos se relacionam com o novo contexto? Eles são produtores de novas formas de pensar o mundo?

Partindo dessas perguntas, apresento a seguir três poemas que trazem um método comum de composição: *Testimony* [Testemunho], do poeta norte-americano Charles Reznikoff, composto a partir de depoimentos de testemunhas de crimes ocorridos nos Estados Unidos no século XIX; "História do Brasil", de Oswald de Andrade, escrito a partir de cartas de viajantes e cronistas do período colonial brasileiro; e "Elegia 6", de Emmanuel Hocquard, extraído de um poema de seu contemporâneo Olivier Cadiot feito, por sua vez, com base no recorte de um guia sobre a cidade de Roma. Gostaria de ler, em cada um, o gesto dos autores ao reordenar um material tirado de um contexto ligado à História.

Um testemunho dos Estados Unidos

Em 1965, o poeta americano Charles Reznikoff publicou o primeiro dos quatro volumes de seu livro *Testimony*. O procedimento na escrita do livro consistiu em recortar de arquivos da lei depoimentos de testemunhas de crimes, em sua maioria *fait divers*, ocorridos entre 1885 e 1915, depois reordenar o material selecionado versificando-o e dando-lhe outra forma, literária ou poética. Reznikoff usa categorias geográficas para reordenar os textos, criando, por exemplo, seções chamadas Sul, Oeste e Norte, e subcategorias semânticas, enquadrando-os em "Cenas domésticas", "Estradas de ferro", "Era das máquinas", para citar apenas alguns, evidenciando, nessa divisão, seu procedimento classificatório. Na ficha técnica do livro, ele adverte:

> Tudo o que se segue foi baseado em relatórios legais de diversos estados norte-americanos. O nome das pessoas é fictício e também o nome das vilas e cidades foi mudado.

Mas a mudança operada por Reznikoff não se refere apenas ao nome das personagens e das cidades, nem à versificação dos textos em prosa; o autor trabalha estilisticamente esse material, cortando trechos, inserindo elementos na história para destacar algum aspecto da narrativa e padronizar a temporalidade. A pesquisadora canadense Lucie Bourassa fez um trabalho minucioso comparando os textos de arquivo com os poemas de Reznikoff e o resultado mostra essas diferenças, como no exemplo a seguir, que narra a briga de um casal:

> "É mentira!", ela disse. O marido bateu em seu rosto com o jornal
> e depois com o chapéu de palha;
> ela bateu de volta com o peixe que trazia das compras
> e depois com a bolsa que estava em suas mãos.
> O fecho de aço arranhou o rosto dele, que começou a sangrar.
> Enquanto ela saía de casa,

ele dizia aos gritos para ela não voltar mais
que as portas tinham se fechado para sempre!
Ele subiu para o quarto
juntou toda a roupa dela que encontrou
recortou e talhou com uma faca e uma tesoura.

Agora, o texto original, de acordo com a pesquisa de Lucie Bourassa, a partir de onde Reznikoff recortou seu poema:

A queixosa negou a acusação, e acusou seu marido de estar mentindo. Ele bateu em seu rosto com o chapéu de palha e com um jornal. Ela bateu nele, primeiro com o peixe que trazia das compras para o café da manhã, e depois com uma bolsa que estava em suas mãos, cujo fecho de aço arranhou o rosto dele fazendo-o sangrar. As partes estavam separadas. A queixosa deixou a casa, e o acusado gritava com ela, e mandou um recado pelo filho que ela não deveria voltar. Ela foi para a casa do pai. Três dias depois o marido disse ao filho, que estava trabalhando para ele em sua loja, que tinha que escolher se iria morar com a mãe ou se ficaria com ele. O filho decidiu ir com a mãe e partiu. O marido então mandou um recado para a mulher levar embora suas roupas, mas, antes de entregá-las, mutilou cada uma das peças usando uma faca ou tesoura, ou outro instrumento cortante, assim um grande número de roupas femininas caras de todos os tipos ficaram totalmente destruídas, e nessa condição foram enviadas para a mulher.

Os cortes tornam a narrativa mais condensada, composta, na versão poema, por três cenas, como *snapshots*: 1. o momento da agressão; 2. a mulher indo embora enquanto o marido grita com ela; 3. o marido talhando a roupa. Se, por um lado, a história original é bastante descritiva, por outro, ela acaba se dispersando – havia um excesso de informações e elementos, como um filho para intervir, uma temporalidade bastante espaçada, frases longas, a elocução em terceira pessoa que tentava objetivar a história, mas que acaba se fazendo presente pelo peso do discurso.

No poema, os cortes acentuam a descrição, condensam os elementos e tornam mais intensa a briga, incluindo vozes, gritos e *cortes* que não são apenas nas roupas, mas também nos versos, que contribuem para espacializar a cena. Além disso, na nova história, o marido rasga as roupas no calor da hora e não depois que o filho vai embora, ou seja, trata-se de outra história que poderia, caso fosse apresentada em sua nova versão a um júri, mudar totalmente o resultado do julgamento.

Para sair da posição de testemunho do gesto de *açougueiro* de Reznikoff (cf. expressão de Claude Royet-Journoud) e tentar perceber outro aspecto por trás de suas operações, lembro o subtítulo do livro: *recitativo*. Isto é, gênero de canto declamatório: algo próprio para ser recitado, como as epopeias, os cantos, as narrativas heroicas.

Assim, ao trazer os depoimentos para um livro que se pretende *recitativo*, Reznikoff busca re-citar essa massa heterogênea de vozes num canto comum, um canto que funcione como "*tale of the tribe*" (o "canto da tribo", na sugestão de Yves di Manno, ao aproximar o texto de Reznikoff dos *cantos poundianos*). Segundo ele, o autor busca valorizar uma escrita *épica* e é nesse sentido que devem ser entendidos seus critérios de ordenação e as alterações produzidas no texto, que possibilitariam vislumbrar certos aspectos da vida nos Estados Unidos de então.

Reznikoff evidencia a latência coletiva desses depoimentos ao encenar a coletividade como sujeito de seu livro. A polifonia daquelas vozes absorve a cola de sua linguagem, e o sujeito, ao assumir uma estrutura coral, singulariza-se como um todo, assumindo um caráter de *testemunho ativo*. É o que lemos no comentário do poeta Charles Bernstein, "o testemunho Reznikoff, ao testemunhar aquelas testemunhas, torna-se o pioneiro de outra consciência dos Estados Unidos, em constituição". Ao reordenar o material, o que o autor testemunha não são os crimes ocorridos no século XIX, mas a situação atual vivida por ele: é um testemunho do agora, plasmado na linguagem de seu livro.

Descoberta do Brasil

Quarenta anos de volta no tempo, Oswald de Andrade publica, em 1925, o livro *Pau Brasil*, marcando sua estética do *camera-eye* (cf. expressão de Haroldo de Campos) e explicitando ali alguns dos preceitos do *Manifesto da Poesia Pau Brasil*, publicado um ano antes. A primeira série do livro *Pau Brasil* intitula-se "História do Brasil" e, para escrever tal história, que seria a sua própria descoberta do país, Oswald remonta a alguns séculos antes em busca do material presente em *documentos coloniais* de cronistas, religiosos e bandeirantes, dos séculos XVI ao XIX, às vésperas da Independência. Ele recorta trechos de cartas e descrições do Brasil e dá a esse material uma nova forma, a partir do corte, operando desde uma mudança da ordem frásica e intitulação dos fragmentos recortados até a versificação dos textos. A carta de Pero Vaz de Caminha, primeiro testemunho linguístico da história do Brasil, serve de material para o primeiro poema do livro.

Como Oswald indica no *Manifesto da Poesia Pau Brasil*, ele busca uma poesia "de exportação" e uma língua brasileira, com "a contribuição milionária de todos os erros". Para construir essa língua brasileira, ele vai anacronicamente atrás dos primeiros textos constituintes da história do país, vendo-os não como uma *origem*, e, sim, como *história*, materialidade de onde recortar elementos para compor sua língua poética. A operação feita por Oswald está impregnada por tiradas de humor e uma visada crítica, além de beber na fonte das vanguardas modernistas europeias, principalmente produtoras de *colagem* e da *montagem cinematográfica*. Além disso, sua nova língua traz entre os requisitos a *surpresa*, reinvindicada por ele no manifesto e que será um dos aspectos postos em evidência no recorte que faz da carta de Caminha. Tal seção é composta de quatro poemas curtos, chamados *a descoberta*, *os selvagens*, *primeiro chá* e *as meninas da gare* (títulos dados por Oswald) e os fatos que aparecem nos poemas se reduzem aos sinais da descoberta, como neste primeiro:

a descoberta

Seguimos nosso caminho por este mar de longo
Até a oitava da Páscoa
Topamos aves
E houvemos vista de terra

Num estudo interessante sobre esses poemas, Luiz Costa Lima apresenta os versos lado a lado com sua fonte, mantendo a grafia antiga da carta, o literal daquela língua seiscentista:

E assim segujmos nosso caminho per este mar delomgo, ataa terça-
-feira doitauas de pascoa, que foram xxj dias dabril que topamos
alguuns synaes de tera seemdo da dita jlha seg. os pilotos deziam
obra de bje lx ou lxx legoas as quaaes herã mujta camtidade de-
ruas compridas a que os mareantes chamã botelho e asy outras a

que tambem chamã rrabo dasno / E aa quarta feira seguimte pola manhaã topamos aves a que chamam fura buchos, e neeste dia a oras de bespera ouuemos vista de terra.

O crítico observa que na passagem da carta para o poema foram excluídos adjetivos, circunstâncias e particularidades necessárias à pragmática do relatório. Os fatos se reduzem aos sinais da descoberta e elementos que causam surpresa, como no poema que descreve o espanto dos indígenas diante de uma galinha:

Mostraram-lhes uma galinha
Quase tiveram medo dela
E não queriam pôr a mão
E depois a tomavam espantados.

Em certos momentos, Oswald conserva algo da forma do português do século XVI, como se guardasse, com isso, a temporalidade do texto; porém esse gesto é pontual e apenas em algumas poucas passagens, como para lembrar que a língua brasileira que se quer evidenciar conserva elementos anacrônicos.

Nos trechos da carta de Caminha há também alternância de sujeito, conservada nos poemas – entre o *nós* e o *eles*, referindo-se aos indígenas, mas também aos portugueses (que deveriam ser *nós*, de acordo com o primeiro trecho). O último fragmento quase não sofre alteração; a mudança operada só é percebida pelo título: a "selva" neste poema é substituída pela "*gare*".

as meninas da gare

Eram três ou quatro moças bem moças e bem gentis
Com cabelos mui pretos pelas espáduas

E suas vergonhas tão altas e tão saradinhas
Que de nós as muito bem olharmos
Não tínhamos nenhuma vergonha.

Aqui a fonte de onde esse poema foi tirado:

aly amdavam antreles tres ou quatro moças bem moças e bem jentiis com cabelos mujto pretos conprjdos pelas espadas e suas vergonhas tam altas e tã çaradinhas e tam limpas das cabeleiras que de as nos muito bem olharmos nom tinhamos nhuua vergonha.

Ao trabalhar com esses documentos, que funcionam como testemunhos linguísticos, mas também como testemunhos da descoberta, Oswald contribui para a criação da língua brasileira modernista.

Um monumento romano

Estamos em Roma agora, mas falando francês: "Elegia VI", poema de Emmanuel Hocquard, foi todo copiado e versificado do texto "Pequeno monumento a E. H.", de seu contemporâneo Olivier Cadiot. O poema, definido por Cadiot como uma biografia de Hocquard, foi criado com recortes, feitos com o uso de um estilete, de frases de um guia de viagem de Roma. Depois de recortar as frases, Cadiot dispôs os fragmentos para construir uma espécie de obelisco de escrita, chamado "Pequeno monumento a E. H.", com quatro colunas de texto. Cadiot recorta do guia trechos ligados à construção de monumentos romanos ao longo de muitos séculos, porém opera um trabalho de uniformização sintática que consiste, por exemplo, em juntar frases com diferentes pronomes "ele". Como se trata de uma espécie de "biografia" (monumento a E. H.), ao pegar diferentes "eles" e reuni-los num único texto usando-os como sujeito, supõe-se que o *Ele* do poema seja sempre o mesmo, ou seja, o amigo homenageado.

A operação de Cadiot encena uma falsa biografia de Hocquard feita com base em recortes da cidade, recolhendo fatos ocorridos ao longo de séculos de história para montar um monumento ou a imagem contemporânea de seu amigo. E a escolha desse guia de viagens não é aleatória: Hocquard tem formação em história e bebeu muito nas fontes da memória romana. Além disso, quando Cadiot escreveu esse poema o amigo homenageado morava em Roma, próximo de alguns dos monumentos citados no texto, e, para completar, o guia de viagem recortado por Cadiot pertencia a Hocquard. Desse modo, o monumento erguido traz segmentos de um livro que pertencia a Hocquard, um livro impessoal, como um guia, mas que na montagem feita por Cadiot produz uma biografia paralela, em que os acontecimentos se organizam a partir de uma tábula rasa com as ruínas da história romana, assunto de interesse dele.

As intervenções e mudanças sintáticas nesse poema podem parecer maiores que as realizadas nos trabalhos de Oswald de Andrade e de Reznikoff: unifica-se o sujeito e a elocução, produz--se uma série de recortes temporais juntando ações a princípio não passíveis de serem coladas. Mas acredito que o objetivo não esteja tão distante: os três poemas citados produzem um discurso e recontam a história a partir de agora. No caso de Cadiot, reconta-se a história romana a partir da biografia de alguém que vive ali e tem laços com a cidade. Buscando atribuir enunciados ao biografado e lhe conferir ações e imagens pertencentes ao passado da cidade, observa-se uma tentativa de encenar a produção de novas formas de pensar a cidade e suas camadas significativas e, ao mesmo tempo, lidar anacronicamente com o passado.

Ao ganhar esse poema-biográfico, Hocquard re-cita o texto, produzindo sua "Elegia VI" a partir de um método que consiste em copiar as frases que estavam justificadas em colunas no poema de Cadiot e que agora são versificadas por ele. Cito um trecho do poema de Hocquard:

> Após um primeiro avc
> **ele** passou a entender as coisas
> com muita lentidão
> "Ao ver aqueles funerais **ele** soube que estava morto"
> Que artista morre **comigo**!
> **Ele** morreu degolado por assassinos contratados pelo triunvirato
> Temendo se tratar de uma cilada
> ninguém ousou comemorar
> O que significa dizer: é pequena a distância do triunfo
> para a queda
> Na mesma época o porto de Ripetta desapareceu
> Scipio embarcou para a Espanha
> os bairros residenciais se expandiram até o mar
> **Ele** terminou a vida escondido debaixo da escada
> Hic jacet pulvis cinis et nihil

Os primeiros dois "ele" assinalados referem-se ao imperador Cláudio. Já o terceiro "ele" e o "comigo" referem-se a Nero. No trecho final, o "ele" que terminou escondido sob a escada foi um arcebispo de Toledo, do século XVII, marcando, com isso, um salto temporal.

O título do texto também traz elementos para essa reflexão: *elegia*. Poema que fala do passado, geralmente de modo melancólico ou lamentando a perda de alguém ou do próprio passado. Mas aqui está em jogo um "novo passado", criado só para Hocquard, e, ao re-citá-lo, o autor assume sua biografia ficcional, que não trará mais o tom lamentoso das elegias, e, sim, descrições monumentais da cidade, aproximando-se de um tom irônico (essa poderia ser uma espécie de "elegia inversa", termo que o autor define no ensaio "Esta história é a minha").

Agora: Em uma ilha de edição

De volta à metáfora arqueológica, a operação dos três poemas pode ser lida lado a lado com algumas reflexões de Walter Benjamin. Entendendo a história como memória, ele se afasta do historicismo, que consiste em tentar ilusoriamente conhecer o passado tal como ele aconteceu, e aproxima-se de um pensamento do tipo arqueológico, que admite a perda do suporte, como no caso do arqueólogo Montalbán, e se lança a conduzir relações inusitadas entre os fragmentos de mundo. Em *Imagens do pensamento*, ele apresenta sua versão para a metáfora arqueológica:

> A língua tem indicado que a memória não é um instrumento para a exploração do passado; é, antes, o *meio*. É o meio onde se deu a vivência, assim como o solo é o meio no qual as antigas cidades estão soterradas. Quem pretende se aproximar do próprio passado soterrado deve agir como um homem que escava. Antes de tudo, não deve temer voltar sempre ao mesmo fato, espalhá-lo como se espalha a terra, revolvê-lo como se revolve o solo. Pois fatos nada mais são além de camadas que apenas à exploração mais cuidadosa entregam aquilo que recompensa a escavação.

O que ele chama de *exploração cuidadosa* é o que possibilita a ordenação de um discurso de outra maneira, a partir de agora feito como um trabalho de re-classificação e re-ordenação, que atua constantemente no *meio*. Já disse Waly Salomão que "a memória é uma ilha de edição". Se pensarmos com Walter Benjamin a história como memória, devemos seguir, incessantemente, editando e produzindo novas montagens para os filmes da nossa história.

Diálogos

Isto é só um *happening*. Acaba quando eu me for embora (Adília Lopes)

Minha relação com a poesia de Adília Lopes teve um ponto de partida "material". Conhecia poucos poemas dela quando, em 2002, época em que trabalhava na editora 7Letras, recebi um trabalho para fazer: digitar os poemas que entrariam na *Antologia*, primeiro livro da autora que saiu no Brasil. Podemos começar a escrever poesia imitando técnicas, dicção ou temas dos autores que amamos, mas, também, copiando literalmente as palavras e os poemas: para ter a sensação de dispor as letras na ordem em que foram escritas pelo autor.

Escrevo
como quem puxa ou empurra
uma pedra
e não como quem voa

E lá fui eu atravessando as palavras de Adília Lopes, lendo os poemas com os dedos e entrando, pela primeira vez, em seu universo. Puxando e empurrando pedras (e não voando), lendo e pensando com as mãos.

Lembro de uma diferença que o poeta Emmanuel Hocquard estabelece entre os livros que *influenciam* e os livros que *impressionam*. Para ele, os que influenciam são muitos e múltiplos, mas os que *impressionam* são raros (e também não facilmente identificáveis): eles ficam *impressos* na gente como se fosse em uma placa fotográfica. Pensando nessa diferença, acredito que a poesia de Adília Lopes ficou impressa em meus dedos e em minha memória desde aquele momento.

É certo que os versos dela comunicam de imediato e oferecem mesmo um alto grau mnemônico (ou de *impressionabilidade*), talvez pela simplicidade aparente aliada a um uso de frases feitas, expressões da língua (e recursos sonoros variados, como rimas e paronomásias cruéis: "tsunami/ tiramissu").

O inferno
são os outros
mas o Céu
também

Seja como for, Adília Lopes provocou um efeito tsunami quando foi publicada no Brasil. Há algumas leituras que tratam do assunto, como a de Italo Moriconi, em *A poesia brasileira do século XX*, que diz que a poesia dos anos 2000 seria "adiliana"; ou a de Sofia de Sousa Silva, no posfácio de uma antologia da autora publicada no Brasil em 2019, em que analisa o efeito da leitura dela por aqui. Gosto de pensar nesse efeito como se fosse o de um poeta traduzido: de repente uma nova voz entra em circulação dentro do corpo poético de uma língua trazendo elementos estranhos a ela e produzindo, ao mesmo tempo, algumas reverberações. Essas reverberações foram, de fato, intensas e seria possível pensar na recepção de Adília aqui a partir de alguns aspectos mais imediatos de sua escrita, como o humor, a linguagem coloquial, além do recurso a poemas curtinhos com jogos sonoros. Tais elementos trazem ecos de uma dicção familiar aos ouvidos brasileiros, pois acenam para a tradição modernista. É claro que Adília não está dialogando com nosso modernismo, mas trabalha com uma linguagem reconhecível para nós, ainda que de um ponto de vista inusitado e com algumas estranhezas de sintaxe, vocabulário e referências (afinal é uma autora portuguesa, escrevendo em outra variante da língua).

No entanto, esse seria apenas um viés de seus versos e tal leitura imediata pode ser uma armadilha. Gosto de um poema de Rafael Mantovani que, ao comentar o caráter "simples" dos poemas de Adília Lopes, diz que seus poemas são tão simples e tão "finos" que ele não consegue entrar porque sai do outro lado.

De início o que mais me chamou a atenção ao ler a poesia de Adília Lopes foi uma ideia de que todas as coisas podem "caber" em um poema. Não só gatos e baratas (tão provocativos) e preocupações afins a um universo feminino ou o uso de dados "biográficos" (sendo tal gesto nomeado), mas sobretudo a convivência deste mundo pedestre com tantas referências – literárias e plásticas, filosóficas, da cultura de massa. De Diderot a Sylvie Vartan, Rimbaud ao lado de peixinhos de prata e da rapariga violada pelo carteiro. Além das expressões idiomáticas, há poemas que são como apontamentos, entradas de diários e textos em prosa e poemas longos (sem falar nos livros mais recentes, espécies de *scrapbooks*, com fotos do arquivo pessoal da autora). Adília comenta um uso da linguagem que condiz com essa desierarquização (num depoimento publicado na revista *Inimigo Rumor*):

Assim como digo "Bom dia!" e a expressão "Bom dia!" não é da minha autoria, alguém a inventou muito antes de mim, a minha poesia é como se não fosse minha. Sinto-me despojada [dela]. O que faço é conviver: pôr a minha vida em comum.

Em recente número da revista *eLyra*, Rosa Maria Martelo, Jerónimo Pizarro e Paulo de Medeiros levantam a pergunta: "Ela lança-nos um enorme desafio com uma pergunta que só a poesia mais ousada, menos convencional e mais aberta à experimentação é capaz de gerar: – mas isso é poesia?". Pergunta que poderíamos desdobrar assim:

> como isso faz para ser poesia?

Vamos passando de um livro a outro, percorrendo as micro-histórias, conhecendo as personagens e nos familiarizando com um ambiente que muitas vezes é a própria casa. Flora Süssekind aponta algumas das tensões presentes na poesia de Adília Lopes no posfácio à *Antologia* e comenta que haveria uma espécie de "pacto de intimidade com o leitor" por conta dos elementos biográficos, mas que logo é desarmado pelo modo como ela ficcionaliza e trabalha com essas referências.

Se tudo parece caber no poema, talvez importe a "cola" que acaba transformando todo o material, refazendo as relações e criando outros lugares para ver o mundo. *Mas isso é poesia?* Talvez seja, sim, nesse ponto instável em que a cola junta as bordas e brechas, nesse ponto instável que nos faz cair de um lado para o outro, indo da poesia para a chamada *antipoesia*, ou da vida para o texto, e de volta para a vida e para a poesia (mas dessa vez chegando a outra vida). Num poema curtinho, de uma só linha e sem título, ela diz o seguinte:

Isto é só um *happening*. Acaba quando eu me for embora.

O que é "isto"? A poesia? A vida? Quem está falando aqui? O que significa "ir embora"? Estamos diante de um *happening* – vida e texto são um só, vida é texto montado, colado. E se as pontas e bordas ficam aparentes, tanto melhor, podemos buscar na própria Adília um antídoto, um modo de consertar os buracos:

Acabou
o tempo
das rupturas

Quero
ser
reparadora
de brechas

Que privilégio ter podido acompanhar este *happening* ao vivo e sido contemporânea de uma das maiores autoras da nossa língua, podendo ver sua obra resistir e se infiltrar pelas brechas do tempo presente.

País dos caracóis (homenagem a Chico Alvim)

Muitas vezes, sinto como se estivesse dentro de um poema.

No Brasil dos últimos anos, só poderia ser um poema do Chico Alvim. Me refiro aqui aos poemas mais curtinhos, compostos de vozes e falas capturadas do dia a dia, que muitas vezes encarnam tipos, personagens anônimas mas reconhecíveis, espécie de *personagens-falas*. Não à toa, Roberto Schwarz diz que as falas desses poemas saltam "de dentro do livro para a vida do leitor". Além de reconhecê-las do lado de fora do livro, também passamos a identificar novas personagens. A operação é tão eficaz que aprendemos a ver o mundo a partir da lição dos seus poemas: "**Quer ver?** // Escuta".

Ele

Quero uma metralhadora
pra matar muita gente
Eu mato rindo

Existe uma via de mão dupla: por um lado, o poema se nutre do real; por outro, nomeia e inventa esse real, que passa a ser tão denso e parecer ainda mais real do que o real. A "escuta" é pausa, mediação que abre espaço para o diálogo. O dito se transforma em linguagem por meio de recursos como o corte do verso, o uso do título e da elipse. É vertiginoso o sentimento de estar dentro de seus poemas neste momento em que tantas falas públicas, frases feitas e *hashtags* vão se sucedendo e ficamos sem fôlego para seguir adiante.

Nos dois poemas a seguir, com o mesmo título e estrutura (título que se endereça ao ouvinte), sentidos totalmente opostos sugerem contextos diferentes para cada fala mas parecem enunciados por uma mesma voz, que se sente de fora daquele lugar:

Você sabe

rico é diferente

Você sabe

rico é tudo igual

Mas não são apenas os poemas mais curtinhos de Chico Alvim que passam a povoar nossa vida. Há um importante "corpus lírico" em sua produção, como chamou a atenção Lu Menezes, um corpus que traz alta carga de lirismo e plasticidade e leva a uma espécie de alumbramento com o corriqueiro, a um tipo de pausa diante do mundo. "O céu que é mais um mar sobre a cidade", diz um verso e, depois dele, passamos a erguer o olhar em busca desse mar lá no alto.

Há alguns domingos eu estava indo votar a pé quando notei, no meio do caminho, uma pequena mancha, não no céu, mas no chão. Me abaixei para ver o que era e deparei com um minúsculo caracol que atravessava lentamente a calçada de concreto. Por pouco não piso na conchinha. Essa "marca no chão" teria passado despercebida, não fosse o contraste de tudo: a lentidão do bicho diante da pressa do resto, a miudeza do acontecimento ao rés do chão diante das questões coletivas daquele dia. Na mesma hora, me ocorreu outro poema de Chico Alvim, chamado "Lupa" (dedicado à torre Eiffel):

> Esta árvore não tem raízes
> colocaram-na no chão como a um copo sobre a mesa
> Torre
> torre sem raiz
> Do alto
> o país é diferente:
> amontoado de sons que o ouvido
> vai lá embaixo escutar
> É pelo ouvido que o país entra [...]
> Ou melhor: pela linguagem
> pois o país
> não é de carne
> é de conceito
> [...]

Do alto, enquanto caminhava, vi aquele outro país, rente ao chão, o país dos caracóis, e me abaixei com uma lupa na mão para tentar colar o ouvido na concha e captar o som. Será que daria para escutar alguma coisa e talvez entender um pouco do que está acontecendo agora? Seria aquele país também feito de "conceito", que pudesse entrar pelo ouvido?

Neste ano de 2018, em que Chico Alvim completa oitenta anos de vida (e cinquenta desde a sua estreia, em 1968), e estamos no meio do redemoinho e no calor da hora, celebremos sua poesia, que consegue criar um quadrado de respiração no meio deste amontoado de vozes.

Ao som da agulha de Ledusha

De cara chama a atenção, no livro *Risco no disco*, de Ledusha, seu aspecto visual: de formato mais quadrado, emulando um compacto, a capa traz uma cena em preto e branco do filme *Acossado* (1960), de Godard, na qual se vê um casal de perfil. Jean-Paul Belmondo segura o pescoço de Jean Seberg como se a enforcasse; Jean Seberg olha para ele com uma expressão séria. Os dois usam roupas listradas (um, com listras horizontais, outro, verticais). A cena está recortada sobre um fundo que traz um trecho do roteiro do filme em espanhol, mas que não corresponde à cena apresentada. A capa tem uma moldura em vermelho sobre a qual aparece o nome da autora, em preto, na parte inferior. E na diagonal, por cima do roteiro, numa fonte manuscrita estilizada e em vermelho, o título do livro como um letreiro em neon.

Há muitas camadas de leitura nessa colagem da capa, assinada por Sergio Liuzzi e Rogério Martins, para além de ela condensar o clima do livro de Ledusha. Começo pensando nas *repetições* ali presentes: o casal com a roupa listrada, a relação da imagem recortada com o texto de fundo, o título que traz uma rima interna – espécie de paronomásia que parece definir o sentido pelo som: *r-isco no d-isco*. São repetições que acabam por não se corresponder plenamente, já que a cena do filme não é a do roteiro, do *risco* para o *disco* há uma letra trocada, o casal tem a roupa listrada, mas cada listra vai numa direção. Um *risco* no disco é um defeito, uma falha, marca do tempo e do uso, mas também aquilo que cria uma interrupção, uma descontinuidade. O disco arranha, a agulha falha. O corte produz o salto e a repetição. Quando chegamos à palavra *disco*, depois de ter passado pela palavra *risco*, parece que a falha ganha uma dimensão na linguagem; de fato o som se repete, a agulha do leitor pula no *r-isco* desse livro quando lê a palavra *d-isco*. Esse jogo sonoro que descrevo aqui não está só no título, ele é uma constante e talvez uma porta de entrada para os poemas de Ledusha.

Coleção Capricho: Dentro e fora

Publicado há mais de quarenta anos, em maio de 1981, *Risco no disco* saiu com mais oito livros na Coleção Capricho, que reuniu os poetas Chico Alvim (com dois livros), Ana Cristina Cesar, Zuca Sardan, Eudoro Augusto, Luis Olavo Fontes, Afonso Henriques Neto e Pedro Lage. O funcionamento da Capricho seguia a lógica de outras coleções dos anos 1970 da "Geração Marginal" (à margem do mercado). Os poetas se reuniam, num momento de fechamento editorial, e produziam e distribuíam o próprio trabalho de modo independente. Era uma maneira de "furar o bloqueio da não edição de livros de poesia", explicou Chico Alvim. Assim, surgiram Frenesi, Nuvem Cigana, Vida de Artista, Folha de Rosto, Gandaia, Garra Suburbana e outras coleções que abarcavam poetas com propostas estéticas muitas vezes diversas, mas que tinham, entretanto, uma "proposta existencial comum",

nas palavras de Sebastião Uchoa Leite. O nome dessas coleções parece apontar mais para tal postura existencial (ou existencial-
-editorial) do que para algum objetivo formal-estético; o *frenesi* diante da possibilidade de produzir o próprio livro ou a *vida de artista* que alguns podiam levar. Seja como for, tal "postura existencial" também pode ser depreendida dos poemas e textos e da construção da subjetividade da época.

O nome Capricho apontava para uma questão editorial, porém marca uma diferença em relação às coleções anteriores, como destacam dois artigos publicados no calor da hora. Um deles, de Cacaso, comenta que o nome vem do fato de que os livros agora estavam "mais bem cuidados do que os das primeiras coleções, de aspecto muitas vezes desleixado" (as capas, por exemplo, eram tecnicamente elaboradas, como descrevi acima). Heloisa Buarque de Hollanda afirma que nessa coleção havia, para além da questão técnica e gráfica, uma preocupação com o texto; o capricho não seria apenas visual, mas um "cuidado explícito" com a linguagem ("capricho poético?"). Se alguns poetas que publicaram na coleção já estavam em seu terceiro ou quarto livro, *Risco no disco* foi o único livro de estreia.

É curioso pensar também que concomitante à Coleção Capricho saía o estudo *Retrato de época*, de Carlos Alberto Messeder Pereira, livro importante pela análise minuciosa que faz da Geração Marginal. Além disso, a Brasiliense começava a editar a Cantadas Literárias, coleção que publicava poesia em grandes tiragens e operou uma espécie de profissionalização dos autores, como apontou Flora Süssekind. O lançamento das duas publicações (a coleção e o livro de Messeder) nesse momento evidencia que a experiência dos anos 1970 já estava sendo lida, relida, analisada e transformada. Uma matéria na *Folha de S.Paulo*, de Antonio Gonçalves Filho, publicada em 1984 (com o título sugestivo

"A poesia já faz best-seller"), traz alguns números de venda da Brasiliense – já naquela época Paulo Leminski era um sucesso comercial, tendo vendido, em vinte dias, 3 mil exemplares de *Caprichos e relaxos*.

Arranhando o disco, afogando Balzac

Paulista que morou no Rio de Janeiro nos anos 1970, Ledusha viveu o ambiente da época, integrou essa cena poética e seus poemas esbanjam as referências culturais, a dicção, a coloquialidade, o diálogo com o cinema e a música, aspectos presentes naquela produção. Seria possível dizer que seus textos fazem parte daquele "poema coletivo" de que falava Cacaso (estariam todos escrevendo um "poemão") – leitura que talvez passe por cima das particularidades de cada obra. Assim, no caso de Ledusha, os poemas dialogam diretamente com essa cena poética, estão dentro dela, mas também sugerem certo distanciamento. Em outras palavras, parece haver um *risco*, uma descontinuidade. O poema "Felicidade" fala de tal distância ao nomear o "poeta marginal":

> nada como namorar
> um poeta marginal
> incendiado
> nada
> como um mingau de maisena
> empelotado
> [...]

De forma bem-humorada, Ledusha joga com um clichê que ali já estava fixado. Ela está dentro e fora ao mesmo tempo.

Ao longo do livro há uma série de cenas em torno da escrita e da leitura que muitas vezes retratam a figura da poeta irreverentemente hesitando entre o "capricho e o relaxo" (como no título do livro de Leminski). Eis aqui algumas delas: "penso nos versos de hölderlin/ que esqueci sobre a mesa"; "caso mme bovary com nelson rodrigues/ e estávamos entendidos" ou "afogava balzac na pia".

O icônico poema "New-Maiacóvski" também opera nesse sentido irreverente ao reescrever os versos do poeta russo, "Melhor/ morrer de vodca/ que de tédio", transformando-os em "prefiro toddy ao tédio". Em Ledusha, o recurso sonoro da paronomásia faz com que a presença de um "toddy" dentro do poema – que poderia soar estranha ao lado de Maiakóvski – seja quase obrigatória pela contraposição sonora a "tédio". Escrever o toddy por cima do tédio não é só tropeçar no arranhão, é produzir o risco, criar uma repetição não correspondente.

No livro há vários jogos sonoros que trazem um tom autoderrisório: "ia sinforcar/ no foulard de tom pastel". Ou em "Sinhazinha em chamas", poema que serviu de inspiração para uma canção de Arrigo Barnabé: "ai quem me dera uma tuberculose/ uma overdose".

Ao lado do humor e da leveza desses e de outros versos, uma melancolia atravessa o livro, como nos poemas de amor (mesmo nos que jogam com estereótipos, "amor perfeito", "casamento"), nas discretas marcações temporais ou nas imagens incendiadas. Como se alguma coisa ficasse em aberto, sem poder se encaixar nem ser explicada. O poema "De leve", que responde à discussão feminista, não traz uma leitura fechada da questão: "feminista sábado domingo segunda terça quarta quinta e na sexta/ lobiswoman".

A que se refere o "de leve" do título? É feminista de leve? Ou *lobiswoman* de leve? *Lobiswoman* seria uma simples inversão do lobisomem?

Por fim, vale mencionar, ao longo do livro de Ledusha há o uso de fotografias e o diálogo com formas narrativas como o cinema ou a fotonovela. Aline Rocha observa que esse seria um livro cinematográfico, não só pelas "estratégias narrativas descontínuas" como também pela "articulação entre palavra/som/imagem". Há, de fato, seis imagens espalhadas no miolo que entram lado a lado com os poemas, transformando a leitura do livro. É o caso da foto da autora que acompanha o primeiro poema, fazendo com que ele seja lido como uma espécie de autorretrato. E o poema "casamento" vem acompanhado por dois *frames* do filme *Acossado* que funcionam como comentário crítico ao texto e flertam com a forma da fotonovela, já que as imagens aparecem em sequência – e mostram Jean Seberg dando um tapa na cara de Jean-Paul Belmondo, alterando o sentido de casamento que está no poema.

Relendo o livro agora, nos seus quarenta anos, tive a sensação de que ele traz, no tom rebelde e no humor, mais uma inadequação do que o contestatório da contracultura. Uma inadequação de quem está dentro e fora, no seu tempo e fora dele. Parece que Ledusha escreve arranhando o disco da sua geração, criando riscos para poder seguir de outra forma. Que possamos também reler o livro criando pausas para tentar ouvir o que a agulha e seus ruídos dizem.

Doppler, eco
(Ben Lerner)

Talvez pudesse resumir o livro *Percurso livre médio*, de Ben Lerner, traduzido por Maria Cecilia Brandi, com uma única imagem: "Quero o papel com pouca/ Opacidade, o verso quase visível por trás". Imagem sugestiva que aponta para um vaivém entre opacidade e transparência que parece caracterizar o livro, incluindo nisso uma gama inimaginável de opções que vão do translúcido ao semiopaco – das torres de vidro, telas e câmeras que ocupam o ambiente do livro, passando pelas muitas referências ao vidro e seus reflexos ("Gosto de olhar qualquer coisa pelo vidro, sobretudo/ Vidro", "os significados são de vidro", "um campo verde visto/ Através desses óculos", "formas de sílica vítrea" etc.), até chegar a um jogo formal entre transparência e opacidade, que remete ao trabalho com a materialidade do poema (como no verso citado) e aos graus de legibilidade da linguagem.

Penso nas descrições feitas por Guilherme Wisnik, em *Dentro do nevoeiro*, em que ele chama a atenção para as formas difusas e translúcidas presentes na arquitetura e na arte hoje, muito afins ao modo de funcionamento da internet e da tecnologia em *nuvem*, na qual existe um ambiente descentrado que pode ser percorrido de múltiplas formas. *Percurso livre médio* também não tem um centro e constrói um espaço poético difuso sem, contudo, deixar de fornecer ao leitor algumas maneiras de ler o livro. A primeira que me ocorre está logo no título, que traz um termo do campo da física para servir de filtro (ou lente) para a leitura.

"Percurso livre médio" (que precisei buscar na Wikipédia) designa a distância média percorrida por uma partícula de gás antes de colidir com outra partícula. Ao lado deste termo, há outro tirado do campo da física que dá nome a duas seções do livro de Lerner, "Elegias Doppler". "Doppler" é o efeito produzido por uma onda sonora em movimento ao passar por um observador estático; trocando em miúdos, aquele efeito provocado pela sirene da ambulância passando. Ambos os termos remetem ao deslocamento pelo espaço e permitem pensar num tipo de movimento operado pelos enunciados dentro do texto.

Sem recorrer a formas fixas tradicionais, mas criando duas formas próprias (uma para cada termo físico citado), que aparecem de modo bastante simétrico no todo do livro (e que poderiam fazer o leitor brasileiro lembrar de João Cabral, devido à mancha gráfica e ao uso da série), *Percurso livre médio* é feito com técnicas de colagem e *cut-up*. E se, nesse recurso, estamos habituados a nos deter no gesto de descontextualização dos elementos em jogo, o que salta aos olhos aqui é, antes, o efeito produzido: a leitura é quebrada, a sintaxe se rompe ("se abre"), os enunciados se interrompem e se chocam, um verso pode se combinar com outro que começa só adiante e, sobretudo, há muitos ecos e espelhamentos pelo *percurso*: às vezes um enunciado se repete com uma pequena diferença, mas temos no ouvido a memória da versão anterior e vamos criando outras conexões. A certa altura do livro, lemos: "Quero que isto seja/ inteiramente composto de beiras". Uma superfície composta de beiras, *acidentada*, com enunciados quebrados e "versos escalonados". Não importa tanto identificar de onde saíram os enunciados que vão se repetindo, até porque às vezes eles saem de dentro do próprio livro para retornar adiante, produzindo uma espécie de *rima*. E, mesmo quando esses enunciados remetem a experiências específicas com seus sintagmas identificáveis – por exemplo, andar de avião ("objetos podem ter se deslocado") ou lidar com símbolos do mundo contemporâneo ("acenar pras câmeras", "já que o mundo está acabando") –, mesmo nesses casos parece não importar tanto a origem do material, e, sim, o movimento que vai sendo criado e as formas de ler que ele produz.

Ao longe, um lago, o mundo acabando, a guerra, um *você* e um *eu*, uma gravação, Ari e Ben, um amigo que morreu, verde visão noturna, nuvens alinhadas com pouca opacidade, uma guinada para o fascismo, sinalizadores, beiras e vidros, palavras de amor, efeitos de superfície, superfícies refletoras. Uma melancolia atravessa esse livro que se quer um poema de amor (como indica a dedicatória), mas não há hierarquias nem temas centrais, "o conteúdo pode se anunciar pela sua desaparição, como os fogos de artifício". Quando entendemos ou percebemos, já não estamos mais ali, vemos somente um reflexo pelo vidro, uma sugestão, um atraso da imagem.

A descrição que estou tentando fazer não passa de paráfrase; é essa a sensação que temos diante de um grande poema, sensação de não ser possível *dizer*. Talvez seja necessário "esperar", como no início ele propõe – "espera era a palavra que eu procurava" –, esperar para ver o movimento acontecer, os pequenos atrasos, ecos e reflexos que vão capturando o leitor e nos fazendo ver o mundo por meio desses vidros e telas.

Mais conhecido por seus três romances (que já saíram aqui), Lerner publicou três livros de poemas (sendo *Percurso livre médio* o segundo que sai no Brasil, depois de *Ângulo de guinada*) e o ensaio "O ódio pela poesia". Circulando entre os gêneros e levando questões de um para perturbar o outro, Lerner dialoga diretamente com a tradição norte-americana e com referências que muitas vezes não são familiares a nós, leitoras e leitores brasileiros: além de John Ashbery, citado por ele, e Louis Zukofsky (que aparece nominalmente nesse livro de Lerner), os poetas da L=A=N=G=U=A=G=E e, indo mais longe um pouco, Gertrude Stein. Penso também nos ecos de um livro de Michael Palmer, traduzido por Régis Bonvicino, que foi bem importante para mim: *Cadenciando-um-ning, um samba para o outro: Poemas, traduções, diálogos* (Ron Silliman comenta que Lerner não precisa tomar distância da influência de Palmer em sua obra, pois ele já nasceu com distância temporal suficiente).

Por fim, cabe aqui um imenso elogio à generosidade da editora Jabuticaba, responsável pela publicação do livro *Percurso livre médio*, e um agradecimento a ela por estar publicando aqui vários outros poetas (para citar apenas três que eram inéditas no Brasil quando saíram por essa casa: Anne Carson, Eileen Myles e Bernadette Mayer). Em um momento como este, precisamos mais do que nunca de filtros e lentes para expandir nossos discursos e tentar pensar o mundo em que estamos.

Hélas (Baudelaire)

Um pequeno detalhe, uma palavrinha pinçada nas quase setecentas páginas da edição de *As flores do mal*, de Charles Baudelaire, com tradução do poeta Júlio Castañon Guimarães, pode dar a ver o caráter crítico do gesto de tradução. Gosto da imagem do tradutor como alguém que lê com uma lupa na mão. Não sabemos o que ele vê ampliado, podemos apenas intuir o processo a partir do resultado. Talvez a lupa permita à leitura essa visada crítica (já dizia Haroldo de Campos, "a tradução como crítica"), e é nos detalhes que o tradutor constrói as balizas da sua leitura (sintaxe, vocabulário etc.). E haja baliza para a empreitada de traduzir Baudelaire!

A palavrinha que pincei na floresta dessas flores do mal foi o *hélas*, expressão tão rasgada que traz ao poema ecos do romantismo, expressão de lamento que em português ora aparece como "oh", ora como "infelizmente" e mesmo como "ai de mim!" (espécie de fóssil dentro do poema!). Dessa vez, o *hélas* estava num dos meus versos favoritos da vida. Um desses versos que ecoam em situações diferentes e dão sentido às coisas. Baudelaire está cheio de momentos assim: a cidade fervilhando, a multidão no ato, as nuvens e o abismo no alto, a passante que passa cheia de graça, o olhar panorâmico enxergando os tipos da cidade e o longo e demorado *spleeeen*...

Este *hélas* que gostaria de comentar está no poema "Cisne":

A velha Paris já não existe (a forma da cidade
muda mais rápido, *hélas*, do que o coração de um mortal).

Faço aqui uma tradução rápida de sentido, mas tropeço nessa palavra que não sei traduzir. É possível entender aqui por que Baudelaire é considerado o primeiro poeta moderno, mas também o último romântico: na velocidade da cidade, o lamento de um *hélas*; a tensão exposta, desnudada. Como na blague citada por Júlio Castañon na introdução ao livro, ele é uma mistura de clássico com um jornalista da época.

Procurei algumas soluções para esses versos; na da portuguesa Maria Gabriela Llansol, o *hélas* vira um "é assim" conformado, em consonância com o clima do *spleen*:

O velho Paris mudou___
É mais plástica a cidade
Que um coração mortal__
É assim

Na de Ivan Junqueira, o *hélas* foi excluído:

Foi-se a velha Paris (de uma cidade a história
Depressa muda mais que um coração infiel)

E na nova tradução de Júlio Castañon Guimarães:

Paris é outra (a forma das cidades muda
Mais rápido, *bem mais*, que um coração mortal).

Ele manteve o literal da palavra (na métrica e som), o exagero da expressão e, ao mesmo tempo, encontrou uma maneira de atualizar o tom melancólico (sem a afetação que um *hélas* traduzido poderia gerar). É uma solução que também se conforma, mas vai além ao reforçar o sentido das mudanças. *Hélas* vira "bem mais" e produz um efeito crítico. Talvez esse detalhe possa dizer muito sobre a nova tradução do livro.

Publicado em 1857, *As flores do mal* passou por muitos momentos de recepção, desde a censura da época até ter se transformado no grande monumento da modernidade. Ganhou leituras importantíssimas ao longo dos anos (de Stéphane Mallarmé a Walter Benjamin, passando por Hugo Friedrich) e, em português, já teve várias traduções (algumas integrais).

Em 1917, o poeta Guillaume Apollinaire disse (num texto que acompanha essa edição traduzida por Júlio Castañon Guimarães) que Baudelaire era "filho" dos narradores Chordelos de Laclos e Edgar Allan Poe, por sua liberdade em retratar os costumes da época. E podemos dizer que ele é o "bisavô" de todos nós por ter, entre outras coisas, estabelecido nosso idioma poético. Uma nova tradução da obra faz esse bisavô entrar em circulação outra vez na língua, agora pela voz de um importante poeta contemporâneo como o Júlio Castañon Guimarães. Baudelaire vem sentar-se à mesa com todos nós e só temos a agradecer pela companhia.

Pelos olhos de Flush
(Virginia Woolf)

Gertrude Stein tem uma das minhas frases preferidas sobre a questão da identidade (e da alteridade): "Eu sou eu porque o meu cachorrinho me reconhece". Ela se refere ao "eu" da linguagem para chegar à relação vital entre o eu e o outro. Afinal, precisamos do outro para chegarmos a nós mesmos, como também aparece na cena homérica do cachorro reconhecendo seu dono. Nesse caso, não se trata de outro humano, mas, sim, canino, o que contribui para tornar ainda mais complexa a noção de identidade.

Temos uma vasta lista de olhares "não humanos" na literatura, desde a cachorrinha Baleia, de Graciliano Ramos, até o monólogo dramático "Um boi vê os homens", em que Carlos Drummond de Andrade desestabiliza o humano ao descrevê-lo pela voz de um boi; se ele busca deslocar o olhar humano para "ruminarmos nossas verdades", por outro lado, acabamos ainda mais humanizados depois que nossa identidade foi posta em jogo.

Tudo isso me ocorreu ao ler a deliciosa narrativa *Flush*, de Virginia Woolf. O livro conta a história do cachorrinho Flush, que pertenceu à poeta Elizabeth Barrett Browning, e adota o ponto de vista dele, levando o leitor a conhecer a vida da poeta a partir do olhar de seu cocker spaniel.

A narradora tem bastante humor ao retratar a vida e os sentimentos de Flush, a relação dele com Elizabeth e o alcance parcial do cachorro nos episódios da vida dela – episódios não à toa dignos de outras biografias: ela vivia com os irmãos e um pai tirano que proibia os filhos de se casarem, tinha uma doença misteriosa, casa-se em segredo (aos quarenta anos) com um homem mais jovem e foge escondida da capital inglesa para morar com o marido poeta numa Itália bastante ensolarada.

Seja como for, não resta dúvida de que Flush conhece (e *reconhece*) muito bem sua dona, devolvendo-lhe uma identidade bastante humana (talvez até por conta de tal descentramento). Acontece que Flush não deixa de ter um caráter humano que nos surpreende. A certa altura do livro, a narradora diz que a língua pode ter duas ou três mil palavras para descrever as coisas que vemos, mas não mais do que duas para dar conta dos odores que sentimos:

> Os maiores poetas do mundo só cheiraram rosas, de um lado, e estrume, do outro. As infinitas gradações entre esses dois extremos permanecem sem registro.

Flush vivia no mundo dos cheiros, o amor era cheiro; forma e cor, cheiros; música, cheiro. E vamos sendo levados por um exercício de descrição dos odores e desautomatização do imediato da visão... Ora, nada é mais humano do que a memória desentranhada de outros sentidos (basta pensarmos na madeleine proustiana) e, assim, pouco a pouco, Flush torna também o seu leitor mais humanizado.

Por fim, vale a pena lembrar que os Browning foram precursores no descentramento da voz poética na modernidade. Se

Robert foi o pai do monólogo dramático, Elizabeth fez uso de um recurso engenhoso para poder publicar, à época, seus poemas de amor (escritos para Robert): disse que o livro se tratava de uma tradução feita do português e chamou o volume de *Sonnets from Portuguese* (*Sonetos da portuguesa*, na tradução de Leonardo Fróes). Ao se aproximar da vida dos poetas por meio de Flush, Virginia Woolf opta por um recurso presente na obra dos dois (e também na própria obra), chegando a um retrato complexo e, talvez por isso mesmo, ainda mais vivo das coisas.

A luz, uma tampinha de garrafa (Hilda Hilst)

Leio *A obscena senhora D*, de Hilda Hilst, como quem penetra surdamente no reino das perguntas. Ao chegar lá, fico impregnada pelo ritmo indagatório do livro e pelo compasso da voz de Hillé – a senhora D –, protagonista-narradora que mantém teso o arco da narrativa ao fazer, de forma tão simples, as perguntas mais humanas de todas: *o que é a vida? O que é a morte? O que estamos fazendo aqui?*

o que é casa, conceito, o que são as pernas, o que é ir e vir, o que são essas senhoras velhas, os ganidos da infância, os homens curvos, o que pensam de si mesmos os tolos, as crianças, o que é pensar, o que é nítido, sonoro, o que é sim, trinado, urro, grito, o que é asa hen? [...] o que é um homem? [...] o que significa estar morto?

Ao sair do livro, continuo com sua forma na cabeça e a força interrogativa dela me leva a outras perguntas: *o que é um romance, o que espero ao ler um livro, o que me espanta tanto aqui?*

Talvez o mais espantoso no romance de Hilda Hilst (publicado em 1982, uma década antes da fase erótica da autora) seja a maneira como aproxima o leitor de uma extrema solidão ao apresentar a senhora D em seus dias de luto (usando a forma também solitária do monólogo), mas afirmando sem cessar a presença do outro. Por exemplo, na explicação que dá, a certa altura, sobre os peixes de papel pardo que ela recorta e coloca no aquário: "convém que sejam dois peixes de papel porque se recorto apenas um ele se desfaz mais depressa [...] será possível que até as coisas precisem de seu duplo?". Ou, em termos formais, ao incorporar o diálogo para dentro desse monólogo, descentrando a narrativa e transformando o monólogo em uma espécie de monólogo polifônico, isso é, atravessado por várias outras vozes: memórias, pensamentos, falas e diálogos de outras personagens que vão determinando o andamento do texto.

O romance é feito de muitos ritmos que se impõem não só pelos pensamentos e pela solidão de Hillé como também pela alternância dessas falas, pelo vaivém e pela repetição de alguns elementos formais e narrativos que evidenciam igualmente seu caráter híbrido.

Hillé passeia por perguntas e questões abstratas, quase se perdendo no meio delas, mas a narrativa a puxa de volta para o chão e se encaminha para fatos concretos: o vão da escada, os peixes recortados, a porca, a salada de acelga, a casa escura (apesar do pedido do pai para manter Hillé numa casa ensolarada). Vale lembrar uma cena que descreve bem esse movimento, quando o marido de Hillé conta um passeio que fizeram juntos, em que ela teria visto um brilho numa pequena colina e teria insistido para ir lá ver o que era, como se pudesse ser uma revelação. Ao chegar lá, os dois percebem que era apenas a tampinha prateada de uma garrafa brilhando de longe.

Se a protagonista se esforça para buscar a "luz numa cegueira silenciosa" com seus porquês e indagações metafísicas ("isso de vida e morte"), ela acaba diante do corpo do texto (como na impressionante passagem final do livro). E suas perguntas se encerram nessa materialidade. A propósito, termino com uma anedota sobre Gertrude Stein, outra moradora do reino das perguntas, contada por Augusto de Campos (em *O anticrítico*):

> elizabeth sprigge
> conta q as últimas palavras de gertrude
> foram:
> "qual é a resposta?"
> e como ninguém respondesse:
> "então, qual é a pergunta?"

O romance de Hilda Hilst poderia ser uma resposta, ao multiplicar as perguntas. "E o que foi a vida?", pergunta a certa altura: "uma aventura obscena, de tão lúcida".

Continuar, continuar (Ana Estaregui)

Um dos possíveis ritmos de leitura a que o livro *Coração de boi* nos conduz parece ser o da observação: parar, olhar o poema, descrever o que se vê, acompanhar seus desdobramentos, seguir adiante. Isso se quisermos mimetizar o funcionamento dos textos desse livro, que alternam entre *meditação e descrição*. Como olhar as coisas? O que se vê e o que se esconde? Como ver o que sobrevive e o que desaparece? E como nomear o que se vê?

Algumas perguntas se colocam num fluxo que é, ao mesmo tempo, contínuo e pausado, e somos levados a erguer o olho desse mundo no papel para "observar as coisas que estão perto, a 30, 40 cm" e tentar falar delas. O poema 2, todo feito de descrições de ações rotineiras que não costumam ser nomeadas (como tomar um copo d'água), termina com um gesto que, por definição, não se encerra: "continuar, continuar", diz o verso final, levando o leitor para o texto seguinte e reforçando, com a repetição do verbo, essa ideia de um fluxo entrecortado por pausas.

O recurso serial que organiza o livro é mais um elemento que colabora para o ritmo de leitura. Somos conduzidos por 72 poemas numerados e, pouco a pouco, nos acostumamos a ver o mundo, a "olhar, olhar muito/ os objetos", observar o que temos aqui, agora, diante de nós. A extensa lista com verbos e situações ligadas ao olhar e ao ver também nos educa ao exercício: *olhar* os objetos da casa, a sala, o rodapé, o teto, um elefante, o mar, os poemas estirados, a saliva cintilando... *ver* os caminhos das minhocas, a réstia lilás da luz de manhãzinha, *enxergar* os braços, *notar*, *observar* as coisas. No poema 54, em que as baleias são *vistas* de longe e são quase uma miragem, há uma tentativa de precisão que serve para reiterar a prática:

> ninguém pode ver as baleias
> de perto porque elas não podem
> de verdade ser vistas
> as baleias podem apenas ser *avistadas*.

Com esses versos, entendemos que não se trata apenas de *ver/observar*, mas de *como* ver/observar e *como* nomear o que está ali. E *como* levar essa matéria para dentro do poema.

Já no poema de abertura, o homônimo "Coração de boi" – que pode ser lido como uma espécie de poética do que a autora propõe – estão resumidos alguns dos elementos que busco descrever aqui: a alternância entre meditação e descrição, a tentativa de olhar e nomear as coisas e a atenção ao detalhe, ao comum, ao que não temos o hábito de notar. Nesse poema, o coração do boi está imóvel sobre a pia de granito e, conforme ele vai esfriando, deixa de lado sua condição viva para se equiparar ao grau da pedra, numa espécie de troca pelo contato:

> o músculo absorve
> a friúra do granito e lança nele
> seus desejos de sempre
> [...]
> como tudo o que nele era

pastos, pelos, as tetas esplêndidas
das vacas de leite
e em pouco tempo tudo dele se cala
se equipara ao grau da pedra.

Tudo o que era vivo no coração do boi "se cala" para poder chegar à friúra do granito, numa espécie de *transformação pela pedra* que lembra uma extensa família de poetas das *coisas*. Diante desse poema, especificamente, penso no Carlos Drummond de Andrade de "Um boi vê os homens". Se nele a prosopopeia leva o boi a falar e emitir seu ponto de vista sobre os humanos, suas formas e hábitos, o gesto de dar a voz a outro chega a um resultado que é bastante humano no fim das contas, com linguagem humana e preocupações e juízos humanizados, muito embora seja um humano descolado do lugar-comum, um humano "ressignificado".

No livro de Ana Estaregui, a princípio não se toma partido de um ponto de vista específico; muitas vezes os verbos estão no infinitivo, em outras, o sujeito é indeterminado ou há situações em que o verbo está no plural ou na segunda ou terceira pessoa ("alguns", "as pessoas", "alguém cantando"); em certos casos, há claramente uma primeira pessoa com a própria subjetividade expandindo o mundo, mas, em outros, os bichos, muitos bichos ocupam o espaço do poema (o búfalo conduz o poema, um cavalo pode mudar seu curso, há abelhas na piscina, mosquitos, caracol, baleias ao longe, galos cosendo manhãs, mofo, urubus etc.). Em suma, a aproximação de outra voz não se dá exatamente por um ponto de vista específico, como no poema de Drummond; recorre-se, ao longo do processo, a uma espécie de dispersão no que diz respeito ao ato enunciatório. Porém, o resultado também se aproxima de um ponto de vista humanizado.

Ao tomar partido das coisas e do mundo, por meio das próprias coisas, os poemas levam o leitor a ver esse novo mundo, a entrar nos poemas e acompanhar as metamorfoses que ocorrem: o tempo passando, a luz que se transforma, as trocas entre as coisas que existem nessa linguagem, nesse ritmo de leitura e de observação, nesse novo mundo que passa a existir. Se o coração esfria e se aproxima do granito, também o granito vira coisa viva na linguagem do poema e carrega a memória do boi, reforçando a ideia de troca.

Vale a pena citar um poema do livro anterior de Ana Estaregui, *Chá de jasmim*, em que a autora põe em cena uma gata (bicho já mais humanizado que o boi) para brincar com Francis Ponge: a gata sobe numa xerox do livro *Le parti pris des choses*, afofa com as patas o calhamaço de papel e se acomoda, *tomando partido das coisas*. O processo de "troca" descrito no poema anterior se evidencia aqui: a gata marca o território e se acomoda sobre o livro de Ponge, mas também se apropria do gesto pongeano, tomando partido das coisas, mostrando que, na linguagem, os dois passam a coexistir e se contaminar.

Por fim, de volta ao poema 2, que descreve ações cotidianas e automatizadas, que fazemos sem nos dar conta, como tomar um copo d'água ou levantar da cama:

levantar da cama
sempre pela lateral
girar o corpo noventa graus
primeiro o pé esquerdo no chão
depois o outro
as mãos apoiadas sobre o colchão
então flexionar os joelhos
e impulsionar de leve.

Aqui a autora parece pôr em prática o que anunciava a epígrafe do livro, de Adília Lopes: "o que faço é conviver: pôr a minha vida em comum". Mas o poema vai além da convivência e do compartilhar do comum. Ao trabalhar no registro da observação e descrever ações quase banais, ele inventa um mundo onde levantar da cama não é um conjunto de gestos automáticos, mas versos que trazem a estranheza de um manual feito para alguém que nunca se levantou. Assim como os textos do livrinho *Remarques*, de Natalie Quintane, que são pequenas observações de ações rotineiras, esse poema acaba inventando tais ações na linguagem, como se pudéssemos passar por elas pela primeira vez (outra vez), já que agora estão nomeadas e por isso passam a existir. E, desse modo, podemos "continuar, continuar", num exercício permanente de chegar a outros mundos.

Rabo de baleia
(Alice Sant'Anna)

Na passagem inicial de *Alice no País das Maravilhas*, de Lewis Carroll, Alice, totalmente entediada, está deitada no colo da irmã. Ela espia o livro que a irmã lê e fica se perguntando para que deve servir um livro sem figuras nem diálogos. Nesse momento, vê um coelho branco passar correndo, um coelho branco atrasado e que fala. Ela não se espanta; pelo contrário, "ardendo de curiosidade", resolve seguir o coelho para dentro da toca e é justo aí que começam suas aventuras.

    É possível criar um paralelo entre essa cena e o poema "Rabo de baleia", texto que dá nome e abre o livro de Alice Sant'Anna. Ali, em vez de um coelho falante, "um enorme rabo de baleia/ cruzaria a sala nesse momento", funcionando também como antídoto contra "o tédio pavoroso desses dias de água parada". O desejo é o de "abraçar a baleia mergulhar com ela" e, se a vontade parece ser apenas potencialidade ("o que eu *queria* [...] era abraçar a baleia"), por outro lado, leitora e leitor são levados, de imediato, a mergulhar nas tábuas corridas da sala seguindo o rabo da baleia e despencando para dentro desse universo cotidiano, mas repleto de animais e seus tentáculos, patas, rabos, cascas e ruídos, onde ocorre uma metamorfose constante do mundo e das coisas.

Nesse universo, tal como a Alice *carrolliana*, a personagem também muda de tamanho ("por alguma falha na proporção/ eu agora também era montanha"), sente-se perseguida, observada ("tanta gente em volta e eu nem me preparei/ de repente ela me olha") e desorientada ("não sabe se o que ouve é eco/ ou sua própria voz distante"). Mas essas distorções surgem em meio a um tom prosaico e contemplativo, que descreve o mundo ao redor enquanto se dá conta, em detalhes e recortes, do instável, da ameaça, do imprevisível. Assim, chama a atenção, ao longo do livro, essa alternância entre algo que está parado e firme e o movimento daquilo que passa e desloca: por um lado, o ponto de vista estático de quem está na sala observando e, por outro, o ágil rabo da baleia. Entre esses dois polos, a curiosidade ardente, o desejo de *seguir*, de ir atrás, de se deslocar; entre esses dois polos, a metamorfose que vai contaminando e nublando o que se vê e que acaba, como uma cobra, dando o bote em quem prossegue a leitura.

Essa tensão se multiplicará ao longo do livro em diversas imagens: o avião que passa no alto projetando a sombra para quem está com o olhar fixo no chão; o duro fiscal de trem que, embora "bem firme nos trilhos", fantasia com maremotos e ondas gigantes; um sonho no qual se corre subindo uma ladeira, embora uma placa permaneça estática no alto por mais que a pessoa se movimente na direção dela. Ou, como no poema a seguir, que pode ser lido como uma *poética*:

    há aquilo que fica firme (um poste)
    e não comove e há o que se mexe (uma árvore)
    e faz barulho e chega a parecer um polvo com tentáculos
    tentando agarrar as nuvens, ao contrário das montanhas
                                     [muito firmes
    e sérias e certas de onde estão

Montanha e poste são "firmes", "sérios", mas a árvore lembra um polvo com tentáculos em pleno movimento. E adiante:

há também o que se movimenta rápido demais na moldura
[da janela: um pássaro
sempre pode ser uma andorinha ou uma águia
e um avião nunca sabemos
de onde parte para onde segue.

Diante do ponto fixo (moldura da janela), o movimento rápido, perigoso e inesperado (tentáculos do polvo, os pássaros). Os dois polos se formam, mas aos poucos tornam evidentes a dúvida e a distorção que o movimento impõe: porque inesperado e incontrolável, não sabemos de onde parte – porque veloz, não sabemos para onde segue.

Assim, há dois polos, mas eles se confundem, se coadunam e tornam as fronteiras indefinidas, nubladas. A tentativa de ver o mundo e descrever, por exemplo, o que se passa na janela, vem acompanhada pela dificuldade de manter o que é visto, como um bloco preto de madeira na noite escura, que aparece em outro texto. Como percebê-lo no escuro? Algo tão concreto acaba revelando uma carga de indeterminação a partir do olhar. Ou, ainda, a marca do chá preto na xícara escura, que está ali, mas não é visível. O próprio rabo da baleia também traz, metonimicamente, essa ideia. Tal jogo com o olhar contribui para imprimir uma carga de dúvida ao que se vê, ao que acontece: afinal, onde estaria a mudança? Seria apenas uma falha na proporção e uma distorção visual?

Esse movimento também está presente no uso que Alice faz de uma linguagem mais prosaica e fluida, quase sem pontuação, mas que tem, ao mesmo tempo, uma porção de cortes, *enjam-*

bements, frases nominais e estruturas paratáticas que produzem uma alternância entre um discurso fluido e cenas congeladas, fotogramas, como no poema em que árvore e poste aparecem entre parênteses, figurando de modo ilustrativo e entrecortando o discurso. Outro poema em que esse aspecto se evidencia começa com o gesto prosaico de lavar cerejas:

> a água transbordava da pia
> para lavar bem lavadas as cerejas
> fora de época (caras demais)
> com os fones ouvia a respiração alta
> [...]
> nota que os anéis mais parecem engrenagens que anéis
> as engrenagens nos dedos uma máquina
> fecha os olhos por alguns minutos
> sente a água molhando o aço a fruta
> enferrujar as cerejas (tão caras)

A partir do uso de estruturas paratáticas alternadas com orações que imprimem uma sequência ao poema, há claramente algumas cenas estáticas: a água transbordando da pia, alguém com fones de ouvido lavando as cerejas, depois um zoom para os anéis que se transformam em engrenagem, máquina, aço. Os poucos elementos da cena vão sendo focados e desfocados, vão se alternando até que o ponto de vista de quem vê a cena (a princípio, quem lava as cerejas) muda quando essa pessoa *fecha os olhos*. Aqui, entra um elemento de indeterminação no texto, pois o que era seguro e firme (um gesto regular) agora é incerto ("não se sabe se o que ouve é eco/ ou sua própria voz distante").

A presença dos animais em *Rabo de baleia* é estruturante desse movimento. No primeiro livro da autora, *Dobradura*, já havia muitos poemas com animais: peixes, gatos, mariposas, formigas. Ali, eles podiam falar ("Diálogo dos peixes") e deixar suas marcas ("a fuligem das mariposas"). Neste *Rabo de baleia*, contudo, sua relação passa menos pela observação, como no livro anterior, e mais pela possibilidade da metamorfose. A aranha, por exemplo, "pendurada no teto em um fio invisível [...] *poderia pôr tudo a perder*" (grifo meu). É uma questão de tudo ou nada, de *ser* ou *se perder*. Às vezes, os objetos metamorfoseiam-se em animais ("os carros chegavam como besouros lentos e gordos" ou "os pés das cadeiras quando tombam/ apontam para cima/ são insetos de casca redonda/ que não desviram sozinhos"), outras vezes os animais invadem e ocupam o espaço, como a gigantesca aranha com "pernas/ contorcidas quase troncos/ de uma árvore nascendo do chão e do teto" e que, depois, se transforma em aço maciço, revelando ser a escultura *Maman*, de Louise Bourgeois. Nesse texto também está clara a oscilação entre fixidez e movimento; mas, se até aqui os animais davam indícios de perigo e pareciam ser o polo do deslocamento, nesse poema ocorre uma inversão. Diante da aranha:

o susto me recomendava
a correr tomar um táxi
mas ao mesmo tempo me forçava
a caminhar lentamente em torno da aranha
e olhar bem de perto.

O movimento está do lado de fora da aranha e consiste inicialmente numa reação ao susto, ao medo. Mais adiante, a oscilação aparece ao se aproximar

das pontas
das pernas que não são pés
lanças apontadas para o chão
que a qualquer momento se desgarram
e enlaçam a presa, têm vida própria
os tentáculos de aranha
eu sozinha com ela
não espantaria ninguém
se ela sumisse comigo

Se no poema "Rabo de baleia" o observador deseja *sumir com ela*, aqui é a aranha que pode *sumir com o observador*, dando a ver a confusão entre os dois lados: trata-se de captar o movimento, de perceber seus rastros, sua inclinação; de abrir os olhos para não perder de vista o real e de fechá-los, para permitir que o mundo se desloque e seguir com ele.

Jacques Derrida analisa, em *O animal que logo sou*, um movimento semelhante que ocorreria na relação do homem com o animal: entre *ser* e *seguir*. O título do livro em francês torna mais explícito o vaivém, *L'Animal qui donc je suis*, sendo o *suis* primeira pessoa do presente do verbo *être* (ser) e do verbo *suivre* (seguir). Logo, a alternância que ele busca está na homofonia presente na própria palavra, o animal que *sigo* e que *sou* quando diante do outro. O que está em jogo, então, não é *ser firme* como poste ou *seguir* o rabo da baleia, mas a coexistência dos dois gestos e a forma como eles se relacionam e se alternam.

Na leitura de Derrida, ele também aponta para a alteridade: nu diante do seu gato, ele se sente observado; mais ainda, sente-se envergonhado pela nudez. Nessa situação de embaraço diante do outro, chega-se às perguntas: *quem sou eu? E quem é o outro diante de mim? Quem vem antes e quem vem depois?*

Segundo ele, essa cena já estava no Gênesis, quando um ser humano deve *nomear* os animais: esse ser que vem *depois* dos animais, mas que será responsável pela nomeação, retirando a possibilidade de os animais se autonomearem, isso é, de responderem por seu nome ou por si próprios. Os animais não podem *responder*, apenas *reagir* e receber. O ser humano é o que vem depois, o que *segue*, mas ao mesmo tempo é aquele que *nomeia*, podendo, assim, *ser*.

Um recado na secretária eletrônica (para Victor Heringer)

Meu querido amigo, como se proteger das más estrelas?

O que é um "arquespélago"?

Você ainda acha que esta é a pátria da "gentileza desatenta"?

Tantas perguntas ficaram por fazer, tantas aparecem a cada dia – agora que você não está mais aqui, como fazer para continuar?
    Por um instante, penso em pedir seu telefone a alguém e gravar um recado na secretária eletrônica, mas aí lembro que ninguém pode ajudar. Não consigo deixar de sentir sua falta, ou porque um assunto lembra você – ou porque quero compartilhar alguma coisa.
    Capitão Q, as paredes ainda estão de pé?
    Você não viu 2020 chegar e não viveu a catástrofe dos últimos anos, mas você já sabia que tinha um abismo adiante, você convivia com uma dimensão de falta e sabia transformar aquilo, tinha sempre uma doçura no olhar e trazia palavras ternas para os outros, apesar da dor. Candura. Mas, agora que estamos aqui

sem você, como seguir? Para quem vou escrever? Quem vai fazer um gif para me mandar? Juntar imagens e palavras de um jeito só seu, tocar uma pedra para ela poder virar pedra, pegar qualquer palavra e objeto e dar vida àquilo, e escrever uma crônica sobre esses tempos que vai nos trazer conforto por nomear o mundo com a emoção que ele nos provoca? E quem vai me olhar com aquele sorriso e os olhos marejados, como se fosse uma característica do seu olhar, que tinha mais água do que o normal, e não como se estivesse sempre à flor da pele, do afeto?

A certa altura passei a esperar você fazer os seus trabalhos – poemas, romances, crônicas, vídeos, fotografias – para fazer o meu. E você era das poucas pessoas para quem eu podia mandar o que fosse, sabia que entenderia. Era como ter uma língua própria com alguém, mas que não precisou ser aprendida, era dada, parecia estar ali pronta para a gente usar – a sensação de poder falar mesmo de forma cifrada algumas vezes e a outra pessoa responder na medida, estava entendendo aquele idioma; e, ao ouvir você, tinha a sensação de ouvir alguma coisa familiar e nova ao mesmo tempo, alguma coisa surpreendente mas que parecia ter sempre estado ali, e eu já não podia viver sem seus livros e trabalhos.

Qual a sua palavra deste ano? "Ebulição"? *Canção da calamidade.*

Quando você foi embora, eu estava grávida de quase oito meses e precisei ficar distante de tudo para poder chegar à minha "hora". Teria sido diferente se pudesse ter estado com as pessoas que eram próximas a você, se tivesse vivido de perto o ritual coletivo pela sua perda? Você não conheceu minha filha, mas o tempo de vida dela é o tempo desde a sua morte. O fim e o começo ligados pelas pontas, mas eu não pude fazer um tocar no outro.

Às vezes tenho vontade de rir junto com você de alguma expressão paulistana que incorporamos ou de reclamar da saudade infinita do Rio e da tristeza imensa que as ruínas de lá provocam na gente, essa falta que a cidade ou a memória dela nos trazia. Às vezes, vejo vários de "você" na rua, virando uma esquina, vindo na minha direção, sentado num bar, numa cadeira na calçada. E as cenas antigas voltam à memória, o último encontro naquele jardim da Casa Rui Barbosa – e o primeiro: íamos participar de uma leitura, tudo o que eu sabia era que você tinha morado no Chile, então ficamos dois tímidos lado a lado e eu puxei esse assunto. Em 2013, vim morar em São Paulo e três meses depois você chegou para morar aqui também. E veio nos ver em casa. Pensando bem, esta foi *outra* primeira vez, como se começasse uma vida nova ali, outro momento, outra cidade, outro laço entre a gente. E, depois, tantas coisas depois.

No primeiro ano da sua morte, escrevi um texto em que "conversamos" um pouco. Chamava-se "Expedição: nebulosa", que era o mesmo nome de um trabalho que fizemos juntos: um poema meu para o qual você fez uma intervenção visual. O novo "Expedição: nebulosa", feito já depois da sua partida, trazia falas suas, versos seus e conversas nossas. Agora eu falo sozinha, Victor, continuo nesta expedição, mas queria ter você aqui perto.

Ainda no Rio, quando você fez o vídeo *Oi, você sumiu*, na mesma hora eu te disse que precisava escrever sobre ele. Era comovente, e tão pedestre. Acabei não conseguindo escrever nada que funcionasse. Quando sinto muitas saudades suas, toco esse vídeo – e ouço sua voz, vejo seus objetos, o prego na parede, seu autorretrato. O vídeo é feito de muitos recados gravados em uma secretária eletrônica, todos endereçados a você. Recados que ficam sem resposta. Como este aqui.

Vituxo, cadê você? Você sumiu.

O ano acabou e a cada ano fica mais difícil ter perdido você.

Abrindo a escotilha, fechando a cidadela

Abrindo a escotilha, fechando a cidadela

Gostaria de abrir esta seção como quem abre a escotilha de um submarino soviético. Tiro de lá esses versos da poeta Marina Tzvietáieva dedicados à Tchecoslováquia invadida pelos nazistas (com tradução do Augusto de Campos):

Enquanto houver saliva
todo o país está em armas.

Bem que eles poderiam ser ditos por alguém em 2025 em algum canto do mundo contemporâneo. Pensei nesses versos ao assistir à peça de Christiane Jatahy (*O agora que demora*), que trabalha com atores de diversas nacionalidades, todos em situação de refúgio. Além de filmá-los nos países em que viviam na época da peça, o espetáculo também trazia alguns deles para o palco e jogava com as fronteiras entre cinema e teatro, documento e ficção. Impedidos de cruzar as fronteiras para voltar ao país de origem, eles cruzavam as fronteiras da tela para a sala do teatro (e da sala de volta para a tela), como é o caso de Yara Ktaishe, atriz síria que faz parte da montagem.

Ao ouvir a história dela, fui procurar notícias de Fadwa Souleimane, síria que conheci em 2016 num festival de poesia em

Iași, na Romênia. Nos aproximamos de imediato, talvez pela rara delicadeza dela, pela curiosidade e disponibilidade para o outro. Souleimane foi uma das vozes que participaram do levante de 2011 na Síria contra o governo de Bashar al-Assad, quando teve início a guerra civil no país. Liderou uma enorme manifestação na cidade de Homs, que levou à sua perseguição (há vídeos no YouTube onde se pode vê-la em ação); ela precisou se esconder durante alguns meses e, em 2012, conseguiu fugir da Síria; primeiro para a Jordânia, depois para a França, como refugiada política.

Na França, começou a escrever e publicou três livros de poesia. Sua formação em artes dramáticas ficava evidente nas leituras que fazia em árabe. Era notável ouvir o poema cantado em outra língua, como se estivesse sendo feito na boca. Leio estes versos de Fadwa traduzidos para o francês:

no meio das roupas
sentada
com minha mala
parceira de tantos caminhos
conto a ela que em breve retornaremos
outra vez você vai usar
essas roupas que cruzaram as fronteiras coladas à pele
sim vamos voltar para casa
cruzar ruas e cidades
mais uma vez
[...]

Procurando notícias dela, me surpreendi quando soube que Fadwa morreu em 2017, aos 47 anos, em decorrência de um câncer. Ficou exilada até o fim da vida, sem conseguir rever a família, estrangeira obrigada a morar em outro país e sempre carregando sua mala (memória, afetos, história). Como lidar com o horror da guerra, com a perseguição política, com uma situação de refúgio como essa? Fadwa estava sempre em deslocamento, viajando, participando de festivais, contando a sua história. Pensando em Fadwa, lembrei dos versos de Olivia Elias, palestina radicada na França, que também fala sobre esse deslocamento dos que se tornam "estrangeiros no próprio país":

Os adeus tchau até
logo não são para
mim não sei o que
vai acontecer uma vez que passar
pelo Gate e a porta outra vez se fechar
há aqueles que saíram só
por alguns dias e nunca mais
puderam rever as laranjeiras a
mãe do nada declarados
estrangeiros no próprio país

Os poemas de Elias condensam o horror da guerra, dos ataques, do terror *hi-tech*:

Cada noite
crivada de lascas de granada
O poema extrai
as balas dos atiradores de elite
do coração dela

Diante de situações como as dessas poetas, parece que chegamos às perguntas mais simples que existem: quem somos, como manter intacta a humanidade, como proteger nosso íntimo, "fechando a entrada da cidadela" (como dizia Goethe)?

Diante de situações como as delas, talvez seja preciso nomear as coisas, contar a própria história e conseguir carregar as malas. Em outras palavras, *se armar com saliva*, como diz o poema de Tzvietáieva, única arma que deveria contar. E estar sempre pronta para o combate, como nos versos de Elias:

> Durante muito tempo acordei pronta para o combate
> descansando sob uma macieira
> entendi que nós éramos
> seres tão mas tão imperfeitos
>
> me faltam ainda duas ou três coisas para averiguar
>
> é possível que raiva em excesso acabe com a raiva
> feito os buracos negros que devoram as estrelas?
> [...]

Um leão por dia

Outro dia uma amiga contou que estava vendo grandes ondas em São Paulo. Imaginei ondas de pessoas ou de prédios. Ou de poeira. Ou, ainda, de ruínas. Ela disse que começou a reparar, caminhando pela cidade, nas várias portas, objetos e painéis que traziam estampada a grande onda do artista japonês Katsushika Hokusai (vale a pena ler o poema do Waly Salomão dedicado a ele!). Nunca pensei que o mar em São Paulo seria um *mar japonês*, mas depois da nossa conversa passei a ver a grande onda se multiplicando por muitos lugares, numa portinha aqui, numa cortina acolá, num porta-copos ali. A cidade foi virando mar desde aquela nossa conversa. E passei a me sentir mais em casa, carioca nostálgica por mar, que fica imaginando o cheiro de maresia a cada esquina que passa.

* * *

Durante um tempo, achei que Hokusai tivesse se dedicado somente às ondas e paisagens, mas um dia li num poema de Anne Carson que ele também desenhou centenas de leões. Aos 83 anos, todas as manhãs até sua morte, 219 dias depois, ele desenhou um leão: "A raiva é um nó no peito", diz o poema, "mas ele pode ser desfeito".

Hokusai, aos 83 anos,
disse
chegou a hora de fazer os meus leões.

Contam que Hokusai fazia esse exercício diário de "exorcismo", como ele chamou, seguindo uma superstição: desenhar leões chineses (que eram figuras míticas imaginárias) e, depois, jogá--los fora ajudaria a manter a saúde e afastar o mal. Resolvi experimentar a técnica. Muitas vezes é preciso matar um leão por dia para poder seguir vivendo e se manter são. Parece que o poema de Carson fala disso, e o gesto de Hokusai também – como controlar a raiva, preservar a saúde mental e lidar com os próprios fantasmas:

> Continuo desenhando
> em busca
> de um dia calmo,
> dizia Hokusai.
> Enquanto isso, os leões tombavam.

Ao escrever, ao traduzir, ao pensar – vamos em busca de um dia calmo. As palavras podem se transformar num leão em movimento se deslocando pela cidade. E depois tombar. O poema de Carson fala sobre um dos temas caros à poesia, a relação estreita entre vida e arte. Como transformar a vida num leão. E como fazer um leão com vida.

* * *

Elias Canetti trata da relação entre vida e literatura num belo ensaio sobre Franz Kafka em que traça paralelos entre *O processo* e um acontecimento marcante na vida do escritor: seu noivado com Felice (ocorrido pouco antes da escrita do romance). Canetti lê nas cartas de Kafka as descrições desse episódio, em que o autor confessa ter se sentido acossado e julgado, e as relaciona com a cena inicial de *O processo*, em que K. é detido. O crítico também traça paralelos entre a cena final do romance e o rompimento do noivado (sempre a partir de uma leitura minuciosa das cartas). Segundo ele, o episódio da vida pessoal do autor seria *o outro processo* (título do livro de Canetti).

* * *

Depois que passei a ver a grande onda japonesa de Hokusai se espalhando pelo asfalto, a cidade se transformou – agora é mediada por esse movimento marítimo constante. Meus dias ganharam outro sentido. E também penso com frequência nos leões. E em como fazer para *segurar a onda*.

Como o chocolate, a poesia

La Poesía Salvará al Mundo: esse foi o nome dado a um festival de poesia on-line organizado em 2021 no México, reunindo poetas de várias partes do mundo para pensar o valor da poesia nos dias de hoje (incluindo debates com contemporâneos, como o argentino Ezequiel Zaidenwerg, a espanhola Amalia Bautista, os mexicanos Paula Abramo, Maricela Guerrero, Luis Felipe Fabre, entre outros).

De início, achei que se tratava de uma *pergunta*, mesmo sem o ponto de interrogação, afinal, a poesia pode salvar umas horas do meu dia (ou do seu) e pode inventar novos mundos dentro deste mundo (como no poema de Ron Padgett que cita o de Paul Éluard); pode também criar espaços de sobrevivência e convivência, *um quadrado de respiração no meio do caos das coisas*. A poesia pode ser uma ponte que se estende até outras pessoas e, pouco a pouco, vai costurando laços afetivos e construindo afinidades e formas de ver as coisas.

Ora, já é bastante coisa e talvez o poema seja um salva-vidas de um mar distante e desconhecido, ainda por explorar – mas salvar "o" mundo? Sabemos que, na bolsa de valores culturais (e há tanto tempo que é difícil mensurar), o poema ocupa um lugar "de crise", lugar em perpétua desvalorização. A ponto de gerar um mal-estar nos adeptos do ofício: quando perguntado se escreve poesia, o poeta sempre encontra um jeito de se esquivar da pergunta...

O debate em torno da "crise" é interessante e bem mais amplo do que isso (penso, por exemplo, no trabalho teórico de Marcos Siscar, que analisa como marca inerente da poesia moderna o caráter *crítico/de crise* do poema). Seja como for, embora o nome do festival fosse afirmativo (e tirado, por sua vez, de um livro de Jean-Pierre Siméon), havia nele uma espécie de provocação quanto aos dons e possibilidades da poesia. Se, por um lado, a poesia não serve para nada no mundo em que vivemos (mundo da eficiência, rapidez, espetacularização), por outro, há em torno da inutilidade do poema uma espécie de negatividade reafirmada que parece estar no extremo oposto.

Foi então que me lembrei de dois poemas que pensam o valor da poesia a partir de um critério bastante justo: o chocolate. "Olha que não há mais metafísica no mundo senão chocolates", disse Fernando Pessoa pela voz de Álvaro de Campos, com muita propriedade. O primeiro poema, "Soneto do chocolate da poesia", da americana Bernadette Mayer:

> quando meus filhos eram pequenos
> nunca tínhamos doce em casa mas
> quando íamos a uma leitura de poesia
> eu sempre comprava barras de chocolate
> para tornar a poesia palatável ou
> mais interessante ou para eles
> ficarem relativamente quietos, só dava errado
> se a leitura fosse longa demais, aí
> era um sufoco, mas nesse caso bem que eu merecia
> não é? depois de um tempo se soubesse

que a leitura seria longa levava duas barras
então comecei a pensar em leituras longas
como sendo leituras de duas-barras-de-chocolate, e acontecia
de levar duas só pra garantir, às vezes guardava uma delas

a poesia é tão boa quanto o chocolate
o chocolate é tão bom quanto a poesia

O segundo poema, da portuguesa Bénédicte Houart, leva a questão para outro lugar: aqui o chocolate não é para quem saboreia o poema, mas para quem escreve. E os direitos autorais de quem escreve nem sequer dão para uma barra de chocolate:

com os direitos de autor
do meu primeiro livro de poesia
comprei um m&m amarelo
(amendoins cobertos de chocolate)
duvido que alguém tenha saboreado os meus poemas
com tanto alarido

com os direitos do segundo
comprei dois m&ms
fiquei abundantemente contente e
de queixo bem lambuzado
como convém

cada m&m lembrava-me o álvaro
que dizia, e passo a citar
come chocolates, pequena, e
eu, citando novamente,
comia chocolates, pequenos

[...]
bem vejo como este poema é prosaico
as minhas desculpas
os direitos de autor não dão
para mais metáforas do que isto

(e, de resto, ele tinha razão, o álvaro
o mundo é uma gigantesca pastelaria
onde uns comem, outros veem comer)

Com direitos autorais tão parcos, não é possível fazer metáforas de muito valor e, assim, o poema fica ao rés do chão, falando de coisas miúdas e sem grandes pretensões ou dotes épicos. O mundo é uma imensa confeitaria e, nele, a poesia não vai salvar nada; está apenas ao alcance da mão, dos olhos, da boca. Como o chocolate.

Algo de bom no mundo da poesia

Contam que Chico Alvim, ao receber um prêmio Jabuti em 1982, disse que tinha ficado muito feliz mas extremamente vaidoso, sentimento esquisito que estava agindo "às avessas". Ele começava a desconfiar dos elogios e invejar os que não tinham recebido o prêmio, como se a premiação lhe desse um estatuto institucional que não combinava com a poesia dele, independente. A anedota ilustra um dos debates que, cedo ou tarde, surgem quando o assunto é a Geração Marginal. Como o adjetivo que nomeia o heterogêneo grupo é usado para se referir à produção e distribuição (feitas "à margem" do mercado) – e não a uma característica formal que reúna os poetas –, a publicação por editoras, a consagração ou profissionalização desses escritores geralmente são vistas como um contrassenso completo. (Comentei um pouco mais o assunto no poema "tzaratzaratzaratzara...".)
    Vivemos três momento das reedições dos livros "marginais". O primeiro foi com as coleções Cantadas Literárias e Claro Enigma, nos anos 1980. Depois, perto dos 2000, vieram Ás de Colete, da Cosac Naify, e os livros da Ática e da 7Letras. Mais recentemente (e ainda em processo), as edições da Companhia das Letras (puxadas pelo estrondoso Paulo Leminski), Editora 34 etc. Há quem diga, quando um livro de poemas sai em tiragem co-

mercial, que poesia e mercado não dão bons casamentos. O próprio Cacaso comenta num artigo que escrever e publicar em grande tiragem são gestos quase sempre excludentes, mas que "quando um poeta de mérito é publicado em escala, *algo de bom acontece no mundo da poesia*". E levo essa frase como um mantra desde que passei a observar o mercado editorial.

Ainda bem que em 2002 saiu o *Lero-lero*, pela Cosac Naify, reunião da poesia de Cacaso, reeditado em 2021 com material inédito pela Companhia das Letras, *Poesia completa*. Foi no *Lero-lero* que li pela primeira vez o poema "História natural", de 1974, espécie de "autobiografia" ao tratar de herança e filiação:

História natural

Meu filho agora
ainda não completou três anos.
O rosto dele é bonito e os seus olhos repõem
muita coisa da mãe dele e um pouco
                    de minha mãe.
Sem alfabeto o sangue relata
as formas de relatar: a carne desdobra a carne
                  mas penso:
                  que memória me pensará?
Vejo meu filho respirando e absurdamente
imagino
como será a América Latina no futuro.

Cacaso anota num de seus manuscritos que era raro ele escrever um poema que não tivesse uma origem "suspeita": "Eu pego tudo [...] Sou um poço de influências. Meu trabalho é ficar selecionando" (citação que tirei do livro *Inclusive, aliás*, excelente trabalho de Mariano Marovatto sobre o percurso intelectual de Cacaso). A declaração tem um quê de arte poética e foi depois dela que resolvi escrever um poema desentranhado do "História natural". O texto do Cacaso estava me deixando cada dia mais comovida. Talvez por ter tido uma filha, a Rosa. Talvez por estarmos nesta América Latina do futuro tendo apenas a perspectiva de uma nuvem de fumaça atravessando o continente.

História natural

sempre disseram
que eu tinha os olhos
do meu pai

cabelo estatura
queixo caligrafia
– cada coisa de uma tia
os gestos da minha mãe

hoje olho minha filha
e só consigo ver
ela própria:
    rosa é uma rosa. é uma rosa
é uma rosa

penso num poema do cacaso
e na américa latina do futuro
que um dia ele quis imaginar

olho para a minha filha
e, juntas, olhamos para
esta américa latina
do futuro

estamos num túnel de fumaça
e não consigo ver o que aconteceu

* * *

Por fim um *postscriptum* sobre um detalhe do meu poema que aparentemente não tem relação com ele. "História natural" entrou num livro meu que foi editado na Colômbia em 2021, pela Ediciones Vestigio, com tradução de Diego Cepeda. Na versão original que mandei para ser traduzida havia um detalhe diferente da versão posterior (publicada aqui). No verso 7, em vez de "os *gestos* da minha mãe" eu dizia "o *jeito* da minha mãe". O tradutor do livro, que é também poeta e editor, me explicou que não havia um equivalente exato em espanhol para a palavra "jeito" e por isso ele sugeria colocar, na versão em espanhol, "os gestos" (resultando em "os gestos da minha mãe"). Fiquei impactada quando ouvi a sugestão dele! Essa forma era tão mais concreta e específica do que a versão anterior. "Jeito" era um pouco abstrato e equivalia à fala dos outros: "você tem o jeito da sua mãe", mas eu não conseguia visualizar ao que aquilo correspondia exatamente. Apesar de não ser tão usual nesse contexto, a palavra "gesto" era mais específica; era como se eu pudesse ver o gesto da minha mãe que restava em mim, a mão dela tocando na minha e me passando alguma coisa, me entregando a herança. E, afinal, gostei tanto da solução do tradutor que a tradução mudou o original e, assim, decidi trocar a palavra em português e usar a mesma palavra que em espanhol.

Se essa história parece não ter muita relação com o poema em si, ao lembrar dela agora percebi que ela traz um aceno de futuro em meio à nuvem de fumaça (literal) na qual estamos vivendo. Talvez essa conversa, esse diálogo com a América Latina do presente, possa nos trazer formas de herança menos trágicas e mais propositivas, que nos leve para outros caminhos.

Escavar e recordar

São Paulo chegou aos 37 graus e, por três dias consecutivos, foi quebrando o próprio recorde de segunda maior temperatura da história. Estávamos em pleno 2020, eu pesei muito prós e contras e acabei optando por deixar brevemente o forno do apartamento, depois de meses sem sair, para dar uma volta no parque. Chegando lá, deparei com uma placa da Bienal de São Paulo que aconteceria naquele ano. O letreiro era um resquício do futuro do passado, ou seja, o tempo congelado no passado apontando para um futuro que já passou, mas que não aconteceu. Em fevereiro de 2020, pretendiam fazer, ao longo do ano, uma espécie de ensaio da Bienal até sua abertura em setembro, o que justifica a presença da placa com tanta antecedência indicando um evento que aconteceria no segundo semestre. E que só aconteceu no ano seguinte. O título da Bienal que estava na placa era um verso do poeta amazonense Thiago de Mello: "Faz escuro *mas eu canto*".

* * *

O poema "Madrugada camponesa", de onde vinha o verso, publicado em livro em 1965, vira música no ano seguinte (por Monsueto Menezes) e é gravada por Nara Leão no disco *Manhã de liberdade*. Na contracapa do disco, Ferreira Gullar diz que

Nara "protesta, faz-se veículo da insatisfação popular e dá voz a esperanças sufocadas [...] Tudo naquela voz sensível e estranhamente emocionada".

Dá para imaginar o alcance da música à época: a voz emocionada de Nara Leão trazendo tantos mundos e promessas de futuro. No site da Bienal, os curadores contam que, ao ser preso em 1968, Thiago de Mello entrou na estreita cela onde passaria 52 dias e deparou com o verso de sua autoria escrito na parede pelo preso que tinha estado ali antes dele: "Faz escuro mas eu canto."

* * *

Cantar na adversidade, como Orfeu, que graças ao seu canto vai sendo guiado pelas profundezas do Hades em busca de Eurídice, seu amor, sua vida. O canto se propaga, se transforma de acordo com o contexto.

* * *

Preso também em 1968, logo depois do decreto do AI-5, Caetano Veloso conta que durante os 54 dias que passou no cárcere fez uma única canção. Compôs na cabeça, sem violão, e ficava repetindo o refrão (e título da música), "Irene ri", tentando tornar presente a risada de sua irmã adolescente, cheia de alegria, de sonoridade, de vida. A canção traz uma simplicidade, uma felicidade, uma força de vida que contagiam tal como o riso que aparece no refrão. Além de ser um palíndromo (fato que, segundo o cantor, foi notado por Augusto Campos já que ele não percebera ao compor), "Irene ri" vai sendo repetido várias vezes até criar um mantra risonho, espécie de canto que explode apesar do escuro. "Eu quero ir, minha gente", "eu não sou daqui", diz ele.

Eu não tenho nada, nada
Quero ver Irene rir
Quero ver Irene
Dar sua risada

* * *

Caetano narra o episódio de sua prisão no capítulo "Narciso em férias", de *Verdade tropical*, transformado em livro e em documentário de Renato Terra e Ricardo Calil. O motivo para o resgate desse caso agora se deve a uma pesquisa de arquivo, feita pelo historiador Lucas Pedretti, que encontrou os documentos do processo aberto pela ditadura militar contra o cantor e compositor. Disponível no site do Arquivo Nacional, o material contém o interrogatório feito com Caetano já no final do período do cárcere, quando, enfim, revelaram ao cantor o motivo de sua prisão (ao contrário de outros presos políticos que podiam deduzir o motivo da prisão por algum envolvimento político mais explícito, o cantor lembra no livro que na época ele era criticado até pela esquerda por "falta de engajamento", o que tornava ainda mais insólita sua prisão). Parte desse material arquivístico consta da edição de *Narciso em férias*, publicado em 2020 como obra avulsa.

* * *

Encontrar um documento como esse é deparar com um pedaço do passado, com um objeto nítido, claramente visível. Talvez seja hora de escavarmos mais, como um arqueólogo, em busca de pedaços, fragmentos e restos, para podermos recordar. Como diz o teórico Georges Didi-Huberman, no livro *Cascas*, "a arqueologia não é apenas uma técnica para explorar o passado, mas também e, principalmente, uma anamnese para compreender o presente".

* * *

Por fim, fiz uma busca no site do Arquivo Nacional pelos nomes que cito neste texto e, de fato, há lá uma memória gigantesca documentada e digitalizada, ao alcance da mão – de prontuários contendo informações sobre artistas, pensadores, críticos, passando por fotos de grande interesse histórico até letras de música e livros atravessando a censura. O passado esperando para ser escavado.

Atrasos

Atrasos. Queria falar sobre atrasos.

Primeiro, estou atrasada para terminar este livro, mas já estamos quase lá. Comecei falando de começos e queria seguir assim, começar bem o ano, começar bem cada coisa, mas para isso preciso terminar outras e estou atrasada, atrasada com um trabalho, atrasada para responder a mensagens, atrasada terminando de fazer um luto, terminando uma tradução, terminando o ano passado. E o retrasado. Tem tanta coisa pendente que dá a sensação de uma vida com muitos atrasos somados.

Quando eu era criança, ouvia dizerem que vivíamos num país atrasado. Era o país que estava em atraso, não sentia como sendo uma parte minha em desajuste, parecia que as coisas seguiam no caminho para alinhar os ponteiros. Bastante tempo se passou e nosso relógio continua desajustado com o relógio da História.

* * *

A peça *Antígona*, de Sófocles, tem início com uma conversa entre duas irmãs que perderam os irmãos (mortos um pelas mãos do outro). O tio, agora rei, mandou enterrar e velar um deles, mas proibiu com um decreto que prestassem os mesmos rituais ao outro, abandonando o corpo dele às aves de rapina. Todo o conflito da peça se baseia nisso: Antígona se rebela ao saber que o irmão não será velado. Antígona tem sangue nos olhos, mas ela enxerga muito bem. Tem a tranquilidade daqueles que sabem o que deve ser feito. Ela não se conforma e decide velar o irmão. É preciso elaborar a morte, cumprir os rituais e enterrar os mortos.

* * *

Sem tempo para elaborar as coisas, nessa enxurrada em que estamos, aos poucos vamos varrendo a "poeira" para baixo do tapete e deixando tudo como está. Estamos atrasados? Tudo bem, depois a gente conserta, depois limpa isso aí, mas, quando vemos, estamos soterrados na ruína e não temos mais como manter a cabeça do lado de fora. Era hora de começar um novo momento, fazer o balanço do que passou e seguir adiante, mas acho que não estamos conseguindo lidar com os nossos fantasmas. Em determinado ponto da peça de Sófocles, na versão de Bertolt Brecht, Antígona diz à irmã:

O passado abandonado
jamais se torna passado.

* * *

Contam que na noite da Revolução dos Cravos, em Portugal, havia um código combinado com os oficiais que fariam o levante. Se, por volta da meia-noite, a Rádio Renascença tocasse a música "Grândola, vila morena", de Zeca Afonso, eles podiam pegar as armas e seguir para o embate. Combinação semelhante tinha sido feita trinta anos antes, na Segunda Guerra, no dia D. A rádio BBC inglesa (que chegava até as praias normandas) tocaria o poema "Canção de outono", de Paul Verlaine, para avisar aos resistentes franceses que os aliados atravessariam a Mancha e que eles podiam obstruir as estradas ao norte da França para, assim, impedir a chegada dos alemães.

Esses códigos tocados na rádio poderiam ter sido quaisquer outros: toques de campainha, um gato miando, um bilhete de amor disfarçado. Mas foram poemas. Foram códigos simbólicos. Que atravessaram o país pelas ondas de rádio e dispararam mudanças no curso da História.

* * *

Estamos vivendo no Brasil dos últimos anos uma série de ataques sistemáticos, reais e simbólicos à nossa cultura, às nossas instituições, à nossa produção. Tem sido difícil conseguir refletir sobre tudo e ter clareza do que fazer. De todo modo, há códigos simbólicos sendo transmitidos, há várias linhas de força em movimento. Não sabemos o que esses códigos podem disparar, mas é certo que o passado está aqui agora e temos que olhar para ele de frente. Falta apenas sangue nos olhos.

"Déjala llorar"

Três objetos do presente, mesmo sendo um de 1960, outro de 2007 e um terceiro de 2020. Os três têm me acompanhado durante os últimos anos e, cada um a seu modo, têm me ajudado a passar os dias, a modificar a maneira de ver as coisas, a formar ilhas de sobrevivência. Vou falar de cada um em ordem cronológica.

O primeiro é um poema do Augusto de Campos chamado "Caracol". Eu o conheço "de ouvido", por meio de uma gravação na voz do próprio Augusto de Campos e na de Lygia de Azeredo Campos.

Ele é composto de uma única frase que vai sendo repetida ao longo das quinze linhas, mas que, desde a primeira, não cabe inteira no verso, então passa para a linha de baixo e, assim por diante, até que não identificamos mais onde começam frase e linha. Na leitura de Augusto e Lygia, a primeira voz do poema (a dele) diz apenas "colocar a más/ cara colocar/ a máscara" e, ao repetir a frase, a palavra "máscara" emenda em "colocar" e de dentro delas sai (o som de) um caracol que, a cada volta, está ali, espreitando, se deslocando lentamente. Na gravação é a segunda voz (a dela) que dá destaque à palavra "caracol" – ou melhor, aos seus rastros deixados por cima da outra voz.

O poema, de 1960, estava a anos-luz de distância da nossa era das máscaras pandêmicas. A máscara dele apontaria para a persona poética ou para as máscaras do teatro grego? *Masca*, do latim medieval, também tem o sentido de *espectro*. Quais

```
c o l o c a r a m a s
c a r a c o l o c a r
a m a s c a r a c o l
o c a r a m a s c a r
a c o l o c a r a m a
s c a r a c o l o c a
r a m a s c a r a c o
l o c a r a m a s c a
r a c o l o c a r a m
a s c a r a c o l o c
a r a m a s c a r a c
o l o c a r a m a s c
a r a c o l o c a r a
m a s c a r a c o l o
c a r a m a s c a r a
```

fantasmas se escondem por detrás das máscaras? Hoje em dia são tantos; na época também eram. Se passamos por essa experiência tão intensa do gesto repetido de colocar a máscara, por outro lado, o poema traz a imagem do caracol, lento, tentando se deslocar aos poucos pelas frestas das palavras.

* * *

O segundo objeto é uma instalação da artista colombiana Doris Salcedo feita na Tate Gallery, em Londres, em 2007 – vi apenas pela internet, mas as imagens eram tão impactantes que tenho a estranha sensação de ter estado lá na época. Salcedo produziu uma enorme fenda no chão da galeria, como se a estrutura do prédio (antiga central elétrica) estivesse rachando (por um terremoto?). A fenda tem 167 metros de extensão e em alguns pontos chega a trinta centímetros de abertura. Não tenho certeza do motivo por que essas imagens me assombram justo agora, a não ser o mais óbvio, o fato de estarmos sem chão, vendo as coisas ruindo, a catástrofe climática já chegou. A própria obra traz alguns mistérios, como o título. *Shibbollet* é uma palavra hebraica que ao pé da letra significa "espiga", mas que, segundo conta uma passagem bíblica, também era usada como senha pelo povo judeu, pois era uma palavra de pronúncia difícil que acabava evidenciando, pela pronúncia correta, os que pertenciam àquela comunidade.

* * *

O terceiro objeto é o curta-metragem *República*, da atriz e dramaturga Grace Passô, feito durante os primeiros meses de isolamento em 2020 e que faz parte de uma série de filmes sobre o cenário da pandemia promovida pelo Instituto Moreira Salles (IMS). O curta de 15 minutos tem uma estrutura em abismo que dá um sentido espantoso ao tópos da vida como sonho: começa com um sonho, depois é um filme sendo gravado, depois é o filme que estamos vendo, mas que acaba incorporando elementos do sonho e do filme do filme, criando uma camada extra de absurdo. Por fim, o abismo acaba engolindo o próprio espectador, já que a história narra o momento em que anunciam uma descoberta científica que comprova que o Brasil é um sonho de alguém, o país não existe (o resto do mundo, sim). A vertigem dessa estrutura está em sintonia com a vertigem que vivemos agora com tantos abismos, fendas e espectros. Também o duplo da atriz – que estava no filme dentro do filme aos gritos na rua e aparece depois em carne e osso na casa dela (revelando só aí seu caráter de *Doppelgänger*) – traz uma complexidade à atmosfera de sonho (ou pesadelo) e também à leitura que podemos fazer do curta. O Brasil é um sonho, é essa a realidade absurda. *"Déjala llorar"*, diz Passô, de modo comovente, por meio da canção que fecha o filme, na voz da colombiana Etelvina Maldonado.

Trabalhar para não fragmentar

Há dois dias entrou pela janela um besouro. Eu estava sentada mastigando a ponta de um lápis e vi. Tinha acabado de ler uma frase num livro: "Trabalhar para não fragmentar", de Louise Bourgeois. "Trabalhar para não fragmentar." Um besouro. Pensei que essas duas coisas tinham uma relação. Com o lápis mastigado, anoto: um besouro voando pela sala e o trabalho. O besouro voa para não fragmentar. O besouro, um zumbido pela sala, indo de um lado para o outro.

* * *

Leio outra frase no livro de Bourgeois:
"Meu trabalho inicial é o medo de cair. Depois se tornou a arte de cair. Como cair sem se machucar. Mais tarde é a arte de se manter no ar."
Com o lápis mastigado, reescrevo a frase dela:
Meu trabalho começa com o medo de abrir os olhos. Depois é a arte de abrir os olhos. Como abrir os olhos no escuro. Mais tarde é a arte de caminhar no escuro.

* * *

Quando comecei a falar sobre os processos de escrita, percebi que, ao falar, me sentia fora do processo, afinal, não estava escrevendo no momento da fala. Se eu falo *sobre* um poema (em vez de falar *o próprio* poema), estou fazendo uma paráfrase dele. O mesmo acontecia com o processo de escrita: ao falar, não estava experimentando o processo, então ele me escapava. Seria preciso viver o processo para falar dele. Se estou escrevendo um poema *agora*, então *agora*, nesse momento, o poema me conduz, me diz coisas, cria conexões e sentidos e instaura uma espécie de temporalidade outra. Se estou escrevendo agora, posso mudar
de linha
posso mudar de assunto:
– Isso aqui é um grão de areia?
– Você viu, ontem,
durante o passeio,
um inseto voando ao nosso lado?
– Ouvi um zumbido constante
– Acho que um rádio ligado vai atravessando tudo
para dar aqui neste ponto:
uma melodia, estou reconhecendo,
cortada pela estática.

Estou sentada em uma cadeira muito grande, o chá pelando na xícara.

De repente tudo pode vacilar ou sair do controle e é preciso se manter no ar, com as asas batendo. Trabalhar para não fragmentar.

* * *

Não conseguia dar os depoimentos, pois, estando fora do processo, ele me escapava. Um dia, tentei escrever um depoimento como se fosse um poema. O ponto de partida era o poema: vou ligar o botão da escrita de poesia e seguir em frente. Posso ser levada para outros lugares, posso até ficar um pouco de costas para o poema, mas não me afasto muito: ele está sempre comigo, não desgrudo dele, pode ser que esteja escuro, não dá para ver com nitidez o caminho, mas vamos lado a lado, e se me distancio muito preciso da pausa, da quebra, preciso dar um salto para fora.
da linha.
do tempo.
Para cair. Para me manter no ar. E voltar.

* * *

Um amigo me disse que ler meus textos era como escalar um poço pelo lado de fora; mas, ao fim, no alto da escalada, dava para ver de cima o poço lá embaixo. Esqueci de perguntar a ele se o lado de dentro do poço seria "a poesia". Mas guardei a pergunta, prefiro mantê-la como pergunta. Guardei também a sugestão de certo jogo de escala, o poema só é visto de longe, para ele.

* * *

O poeta chileno Enrique Lihn termina o poema "Limitações da linguagem", de seu livro *Diario de muerte*, assim:

Temos aqui um homem apertando o gatilho contra a própria
[têmpora

Ele vê algo entre este gesto e sua morte
Ele vê algo durante uma partícula elementar do tempo
tão curta que não fará parte dele
Se alguma coisa pudesse alargá-la sem temporalizá-la
uma droga (descubram-na!)
seria possível escutar os primeiros pálidos ecos
de uma inédita descrição daquilo que não é

Talvez o poema nos faça vislumbrar esse momento *entre*, essa partícula elementar do tempo que mostraria alguma coisa fora da existência das coisas e que serviria para descrever aquilo que não é.

É bom morar no azul

1.

"O mapa não é o território",
diz um dos princípios de Alfred Korzybski para indicar que a linguagem e as representações não equivalem ao referente. A palavra "cadeira" não é a cadeira em si (nem a imagem da cadeira, para lembrar o trabalho de Joseph Kosuth que contém uma cadeira, a definição de cadeira no dicionário e uma foto da mesma cadeira).

No caso da Lua, talvez fosse justo dizer que o "território é o mapa", já que o mapa veio antes de o homem chegar lá, já que as inúmeras representações ajudaram a inventar (e seguir alterando) esse "território". Pensando no trabalho de Kosuth, será que as obras artísticas poderiam ser o mapa, o território e as representações? Talvez um modo de costurar essas muitas superfícies?

Em 1647, Johannes Hevelius, pai da cartografia lunar, desenhou o primeiro atlas lunar, chamado *Selenografia*, feito a partir de observações em telescópio. Em seguida, foi criada a nomenclatura dos topônimos da Lua em latim, usada até hoje, em que há nomes como: mar da Tranquilidade ou oceano das Tormentas. Na época, acreditavam que havia água na Lua, mas por que será que depois mantiveram esses nomes? A Terra, por outro lado, virou uma "bolinha de gude azul", numa das fotos mais conhecidas de todos os tempos, justamente por conta dos oceanos.

entre uma e outra,
astronautas se deslocam
no mapa, uma linha entre os dois planetas
em julho de 1969, colocaram os pés em cima da superfície da lua
alunissando sobre o mar da tranquilidade.

2.
"As estrelas estão diferentes hoje",
diz a canção de David Bowie "Space Oddity", lançada cinco dias antes do lançamento da *Apollo 11*, nave que levaria Neil Armstrong e Buzz Aldrin a pisar na Lua.

Referência ao filme *2001: A Space Odissey*, a canção é toda em forma de diálogo entre um astronauta solitário, o Major Tom, e a equipe do "controle de solo", que monitora sua nave. Aos poucos, as falas do astronauta vão ficando estranhas e ele se mostra impactado pela experiência de flutuar no espaço, longe da Terra, com saudades da esposa (nesses momentos, a melodia também se desvia). Já no final da música, o "controle de solo" diz que o sistema deu pane e tenta se comunicar, mas ninguém responde (*"Can you hear me, Major Tom?"*).

"Space Oddity" está em sintonia com a atmosfera da época, orbitando a corrida espacial, mas consegue individualizar o astronauta (que costuma ser coletivo e impessoal: diz-se "o homem na Lua", "um passo para a humanidade"). Além disso, a canção contrasta com o tratamento heroico dado aos astronautas da *Apollo 11*, já que, nela, irrompe uma dimensão humana.

Curiosamente, apesar de a canção de Bowie trazer um fim trágico, ela foi usada na abertura da transmissão feita pela BBC da chegada à Lua.

em 1968, uma nave vai à lua fazer fotos que serviriam para definir
onde a apollo 11 pousaria
as câmeras são colocadas do lado de fora da nave
e elas possuem pálpebras que se fecham para proteger as lentes
da poeira cósmica

ao abrir os olhos, podemos ver as coisas:
as estrelas estão diferentes hoje. a terra está diferente.
como se faz para enxergar no meio da poeira?

segundo a física, a realidade não costuma ser o que parece
a terra parece plana, mas é redonda
o sol parece girar ao redor da terra, mas é o contrário
o tempo não é linear,
mas uma complexa coleção de estruturas e camadas

dar um passo no tempo. pra trás, pra frente
e pros lados. como escapar das polaridades?

3.
"A Lua é um gesso cinzento."
Chegar à Lua é se despir da gramática familiar e se abrir para o desconhecido.

A Lua deixava de ser esfera prateada e poética que iluminа os amantes para se transformar em paisagem inóspita, salpicada de crateras, "um gesso cinzento", como teria dito Armstrong, buscando uma semântica reconhecível tirada do treinamento ao qual os astronautas tinham sido submetidos (numa paisagem de gesso).

O espetáculo produzido para o pouso também procurou domesticar esse inominável com uma série de significantes que produzem "visões" do que aconteceu, uma costura de muitas superfícies justapostas: as imagens borradas da transmissão da descida à Lua, as primeiras palavras entrecortadas de Armstrong, o nome do módulo lunar (*Águia*) ou do local de pouso (mar da Tranquilidade), as fotos coloridas em altíssima resolução.

"ao vivo direto da superfície da lua"
600 milhões de telespectadores, maior audiência da época

2001, de stanley kubrick, é de 1968.
o monolito de kubrick sobre a superfície da lua.

Os dois astronautas que desceram à superfície lunar ficaram ali por pouco mais de dois minutos. Poucos minutos que se expandem pra frente e pra trás no tempo. Eles fincaram uma bandeira norte-americana numa espécie de marco zero, deram alguns passos que até hoje estão marcados no solo, recolheram material lunar para trazer de volta à Terra. E tiraram uma centena de fotos.

4.
"A lua nossa de cada dia."
"Polaridades", de Anna Bella Geiger, é um trabalho dos anos 1970 feito a partir de fotos da superfície da Lua cedidas pela Nasa.

A artista conta que eles tinham selecionado as melhores fotos, mas ela queria "todas", as fora de foco, as distantes, as que não pareciam boas.

O gesto da Nasa de selecionar as imagens que seriam as "certas" e deixar outras de lado será incorporado pela artista no trabalho também como um modo de destacar as polaridades do momento.

"oceanus procellarum" (oceano das tormentas)
é o maior dos mares lunares.

podemos usar uma lupa pra ver. parece uma ilha
podemos abrir os olhos e marcar um ponto no mapa.

O trabalho de Anna Bella Geiger é feito de várias camadas e superfícies, com mapas e imagens costuradas, com coordenadas e toponímia, com elementos que insinuam leituras. O trabalho é feito de enquadramentos e sobreposições. O mapa é foto é superfície é território.

Alguns elementos vão se deslocando de uma imagem para outra, criando uma espécie de rima que sugere novas leituras para as mesmas imagens. O cinzento da Lua tem vários tons e texturas, as crateras se deslocam, as margens e linhas são entrecortadas. Imagens que aparecem em outros trabalhos, pra frente e pra trás.

"aqui é o centro", alguém diz
no centro, o mar.
uma ilha, um ponto que vira linha que vira borda.

um X que não diz mas insinua coisas
um ponto fixo, visor, centro, foco:
um ponto de chegada
e de partida

Ver o mapa do Brasil hoje é como ver com olhos de cinquenta anos atrás.
Os reflexos às vezes são polaridades. São estanques.
A lua nossa de cada dia.

5.
"É bom morar no azul."

Os norte-americanos planejavam outros desafios depois da chegada à Lua (como uma ida a Marte até 1984), mas as viagens espaciais ficaram pelo caminho. Chegar à Lua marcava o fim da corrida espacial e das disputas nesse campo. Houve também a recessão econômica nos anos 1970, que certamente contribuiu para a descontinuidade dos planos exploratórios.

estava na hora de voltar os olhos para a terra.
a terra é azul.
chegar no outro para ver a si.
(até bowie deixa a lua de lado,
vai pensar na vida em marte)

Em 1963, Vinicius de Moraes gravou um disco com uma música chamada "Astronauta". É uma canção de amor que se apropria do vocabulário espacial da época: "Quando me pergunto/ se você existe mesmo, amor/ entro logo em órbita/ no espaço de mim mesmo, amor." E faz referência à fala de Yuri Gagarin ao chegar ao espaço: "O astronauta ao menos viu que a Terra é toda azul, amor/ isso é bom saber porque é bom morar no azul, amor."

É curioso pensar que os olhos da canção "Astronauta" estão voltados para a Terra, em vez de se concentrarem no espaço. Mas, além dela, observamos que o sujeito está no centro de tudo, é ele o próprio habitante "deste azul". Em outras palavras, ao chegar ao espaço, o homem olha para si e para as suas próprias questões. É hora de ver o azul, o mar, de pacificar.

Em 1972, João Gilberto gravou uma canção chamada "Astronauta", composta por Pingarilho e Marcos Vasconcellos. Na gravação dos compositores, de 1966, essa canção se chamava "Samba da pergunta", mas na versão de JG foi batizada de "Astronauta". É também uma canção de amor, mas, ao contrário da de Vinicius, aqui o espaço aponta para fora, é escapatória, infinito, indefinido:

> Ela agora mora só no pensamento
> ou então no firmamento, em tudo o que no céu viaja
> pode ser um astronauta ou ainda um balãozinho
> [...]
> pode estar morando em Marte
> Desapareceu.

Se o primeiro "Astronauta" do cancioneiro dos anos 1960 se volta para a Terra, este segundo se projeta para o espaço, está flutuando no ar, fora de alcance.

6.
Desapareceu

Das fotos lunares tiradas na expedição da *Apollo 11*, a mais conhecida é uma espécie de autorretrato feito pelo primeiro homem, Armstrong, com uma câmera Hasselblad 70 mm.

Nela, Buzz Aldrin está em pé no irregular solo lunar vestindo seu largo macacão branco de astronauta e o capacete, um dos braços erguido na altura do peito, como se desse um tchau. Na lateral direita da foto aparece um pedaço do pé do módulo lunar. E no capacete de Aldrin, o que vemos não é o seu rosto, mas, ao longe, o próprio Armstrong refletido no vidro abaulado, espécie de espectro branco iluminado contra o fundo negro do céu, ao lado da sombra de Aldrin e do módulo lunar pousado.

O horizonte atrás de Aldrin é uma linha interrompida pelo capacete, que se encaixa em outra linha do horizonte, também refletida, atrás de Armstrong. Todos os jogos espelhados dessa imagem trazem uma espessura para o acontecimento. Além dessa fotografia, há uma centena de outras (de altíssima qualidade) tiradas *in situ*, nas duas horas passadas em solo e nas 16 horas flutuando sobre a Lua.

carlo guinzburg diz
que o que aproxima mitos e obras de arte é, por um lado,
o fato de terem nascido e serem transmitidos
em contextos culturais específicos;
por outro, sua dimensão formal.

7.
Primeiros passos
Levantar o pé direito projetando o corpo pra frente –
os braços abertos tentando se equilibrar
– então tocar no chão e levantar o pé de trás.

Os movimentos são lentos, calculados e um pouco desordenados.
Um pequeno passo é um grande passo.

Com os braços erguidos, encontrar apoio no ar
as pernas avançando aos poucos enquanto se descobre a gravidade.

Minha filha tem um ano. Está aprendendo a andar.
Parece um astronauta caminhando na superfície lunar, tendo
que aprender
cada movimento, a olhar com olhos livres

para enxergar no meio da poeira
e para descobrir as coisas mais simples:

pra onde ir, como dar os primeiros passos, o que fazer
e como morar no azul.

Referências bibliográficas

CONTRA A POESIA, CONTRA O CORAÇÃO

In medias res

ANDRADE, Carlos Drummond de. "A máquina do mundo". In: *Claro enigma*. São Paulo: Companhia das Letras, 2012. p. 105.
AKHMÁTOVA, Anna. *Poesia*. Trad. de Lauro Machado Coelho. Porto Alegre: LPM, 1991.
CAMPOS, Haroldo de. "e começo aqui este começo". In: *Galáxias*. São Paulo: Editora 34, 2004. Fragmento 1.
DELEUZE, Gilles. "Os intercessores". In: *Conversações*. Trad. de Peter Pál Pelbart. São Paulo: Editora 34, 1992. p. 151.
FOCILLON, Henri. *Elogio da mão*. Trad. de Samuel Titan Jr. São Paulo: Instituto Moreira Salles (IMS); Clássicos Serrote, 2012.
GODARD, Jean-Luc. *História(s) do cinema*. Trad. de Zéfere. São Paulo: Círculo de Poemas: 2022. p. 106.
LOPES, Adília. "Arte poética". In: *Obra*. Lisboa: Mariposa Azual, 2000. p. 18.
MAYER, Bernadette. "Experiências". Trad. de Marília Garcia. *Revista Grampo Canoa #2*. São Paulo: Luna Parque, 2016. p. 4.
MONTAIGNE, Michel de. *Ensaios*. Trad. de Sérgio Milliet. São Paulo: Editora 34, 2016. p. 456.

PADGETT, Ron. "Paul Éluard". In: *Poemas escolhidos*. Trad. de Rosalina Marshall. Porto: Assírio & Alvim, 2018. p. 23.

ROUGEMONT, Denis de. *Penser avec les Mains*. Paris: Gallimard, 1972.

SAGAYAMA, Mário. "Pensar com as mãos: História(s) do cinema, da tela à página". Revista Alea: Estudos Neolatinos v. 26, n. 3, set-dez 2024. Rio de Janeiro, UFRJ. Disponível em https://revistas.ufrj.br/index.php/alea/article/view/64966 Acesso em: 12 dez. 2024.

SZYMBORSKA, Wislawa. *Poemas*. Trad. de Regina Przybycien. São Paulo: Companhia das Letras, 2011. p. 96-97.

VIOLA, Paulinho da. "E a vida continua" (composição de Zorba Devagar e Madeira). *Paulinho da Viola*, EMI, 1975.

Poesia é som

CAESAR, Rodolfo; Marília Garcia. "Aquário". 2008. Disponível em: <https://soundcloud.com/marilia-garcia-205759923/aquario-de-rodolfo-caesar>. Acesso em: 17 set. 2024.

COLETIVO CAPIM NOVO; Marília Garcia. Sesc Instrumental poesia. Disponível em: <https://www.youtube.com/watch?v=HLzMzNDSvNA>. Acesso em: 17 set. 2024.

GIRONDO, Oliverio. *20 poemas para ler no bonde*. Trad. de Fabrício Corsaletti e Samuel Titan. São Paulo: Editora 34, 2014.

VALÉRY, Paul. "Poesia e pensamento abstrato". In *Variedades*. Trad. de Maíza Martins de Siqueira. São Paulo: Iluminuras, 1999. p. 193.

A experiência do poema

LERNER, Ben. *Estação Atocha*. Trad. de Gianluca Giurlando. Rio de Janeiro: Rádio Londres, 2018. p. 9.

——. "Ódio pela poesia." Trad. de Leonardo Froés. *Revista Serrote 25*. São Paulo: Instituto Moreira Salles (IMS), 2017.

SHAKESPEARE, William. *Romeu e Julieta*. In: *Retrato do amor quando jovem*. Org. e trad. de Décio Pignatari. São Paulo: Companhia das Letras, 2006. p. 147.

_____. *Romeu e Julieta*. Trad. de Barbara Heliodora. Rio de Janeiro: Nova Aguilar, 2000.

_____. *Romeu e Julieta*. Trad. de Onestaldo de Pennafort. Porto Alegre: Edição da Livraria do Globo, 1947. p. 81.

FRYE, Northrop. *Sobre Shakespeare*. Trad. de Simone Lopes de Mello. São Paulo: Edusp, 2011. pp. 32-3.

Fui dar em Iași

CAMPOS, Augusto de. "Cidade/city/cité". In: *Viva a vaia*. São Paulo: Duas cidades, 1979.

VELOSO, Caetano. "O pulsar". In: CAMPOS, Augusto de. *Viva a vaia*. São Paulo: Duas cidades, 1979.

FLAMÂND, Dinu. "A porta". In: *Haverá vida antes da morte?* Trad. de Teresa Leitão. Vila Nova de Famalicão: Quase, 2007. p. 54.

Quem está falando?

ALVES, Miriam. "Tempo consciência". In: *Poemas reunidos*. São Paulo: Círculo de Poemas, 2022. p. 314.

ANDRADE, Carlos Drummond. *Nova reunião: 23 livros de poesia*. São Paulo: Companhia das Letras, 2015.

BANDEIRA, Manuel. *Estrela da vida inteira*. Rio de Janeiro: Nova Fronteira, 1993.

BOCAGE, *Melhores poemas*. São Paulo: Global Editora, 2013.

BOLAÑO, Roberto. "Autorretrato aos vinte anos". In: *A universidade desconhecida*. Trad. de Josely Vianna Baptista. São Paulo: Companhia das Letras, 2021. p. 633.

CHACAL. "Seu madrugada e eu". In: *Tudo e mais um pouco (poesia reunida)*. São Paulo: Editora 34, 2016. p. 25.

_____. "Muito prazer, Ricardo". In: *Tudo e mais um pouco (poesia reunida)*. São Paulo: Editora 34, 2016. p. 333.

ELIOT, T. S. "As três vozes da poesia". In: *Ensaios*. Trad. de Ivan Junqueira. São Paulo: Art Editora, 1989.

FREITAS, Angélica. "Mulher de respeito". In: *Um útero é do tamanho de um punho*. São Paulo: Companhia das Letras, 2017. p. 39.
LEITE, Sebastião Uchoa. "[*aqui jaz*]". In: *Obra em dobras*. São Paulo: Duas Cidades; Claro Enigma, 1988. p. 140.
LOPES, Adília. "Autobiografias sumárias de Adília Lopes". In: *Obra*. Lisboa: Mariposa Azual, 2000.
_____. "Autobiografia e anonimato. In: *Obra*. Lisboa: Mariposa Azual, 2000.
MARQUES, Ana Martins. "História". In: *Risque esta palavra*. São Paulo: Companhia das Letras, 2021.
MASSI, Augusto. "Máximas". In: *Vida errada*. Rio de Janeiro: Moby Dick, 2003.
MEIRELES, Cecilia. "Retrato". In: *Obra poética*. Rio de Janeiro: Nova Aguilar, 1987. p. 84.
STRASSER, Susanne. *Baleia na banheira*. Trad. de Julia Bussius. São Paulo: Companhia das Letras, 2020.

Contra a poesia, contra o coração
DRUMMOND DE ANDRADE, Carlos. *Nova reunião: 23 livros de poesia*. São Paulo: Companhia das Letras, 2015.
BANDEIRA, Manuel. *Estrela da vida inteira*. Rio de Janeiro: Nova Fronteira, 1993.
CAMPOS, Augusto de. "Coração cabeça". In Despoesia. São Paulo: Editora Perspectiva, 1994.
CESAR, Ana Cristina. *Poética*. São Paulo: Companhia das Letras, 2013. p. 282.
GOMBROWICZ, Witold. "Contra os poetas". Trad. de Clarisse Lyra e Rodrigo Lobo Damasceno. *Caderno de Leituras n. 17*. Belo Horizonte: Chão da Feira, 2013. Disponível em: <https://chaodafeira.com/wp-content/uploads/2015/06/cad17.pdf>. Acesso em: 12 set. 2024.

LERNER, Ben. "Ódio pela poesia". Trad. de Leonardo Fróes. *Revista Serrote 25*. São Paulo, Instituto Moreira Salles (IMS), 2017.
MICHAUX, Henry. "A verdadeira poesia faz-se contra a poesia". Trad. de Rui Caeiro. In: *Cadernos de leitura n. 11*. Belo Horizonte: Chão da feira, 2011.
MOORE, Marianne. *Poemas*. Trad. de José Antonio Arantes. São Paulo: Companhia das Letras, 1991.
O'HARA, Frank. "A um passo deles". In: *Meu coração está no bolso*. Trad. de Beatriz Bastos e Paulo Henriques Britto. São Paulo: Luna Parque, 2017.
SARDAN, Zuca. *Osso do coração*. Campinas: Editora Unicamp, 1993.

"Machine à émouvoir"
CARDOZO, Joaquim. *Poesias completas*. Rio de Janeiro: Civilização Brasileira, 1979.

Poesia tem que ter estrela?
ASSIS, Ana Carolina. *A primavera das pragas*. Rio de Janeiro: 7Letras, 2019.
MATTOSO, Glauco. *O que é poesia marginal?* São Paulo: Brasiliense, 1981.
LOY, Mina. "Lunar Baedeker" In: *The Lost Lunar Baedeker: Poems*. Org. Roger L. Conover. Nova York: Farrar, Straus and Giroux, 1996. p. 81.
MUSSNICH, Luiza. *Para quando faltarem palavras*. Rio de Janeiro: 7Letras, 2018. (Coleção Megamíni.)

E flores? (Cultivando o jardim)
ANDERSON, Laurie. "Lírio branco". In: *Anéis de fumo*. Trad. de João Lisboa. Lisboa: Assírio & Alvim, 1997.
BAUDELAIRE, Charles. *As flores do mal*. Trad. de Júlio Castañon Guimarães. São Paulo: Companhia das Letras, 2019.
CAMPOS, Angela de. *Feixe de lontras*. Rio de Janeiro: 7Letras, 1997.

PRÉVERT, Jacques. "Na loja de flores". In: *Poemas*. Trad. de Silviano Santiago. Rio de Janeiro: Nova Fronteira, 1985. p. 58.
ROQUETTE-PINTO, Claudia. *Saxífraga*. Rio de Janeiro: Salamandra, 1993.
WILLIAMS, William Carlos. "Uma espécie de canção". In: *Poemas*. Trad. de José Paulo Paes. São Paulo: Companhia das Letras, 1987.
VOLTAIRE. *Cândido, ou o otimismo*. Trad. de Mário Laranjeira. São Paulo: Companhia das Letras, 2012.

Palavras: "garoa"
HERINGER, Victor. *Vida desinteressante*. São Paulo: Companhia das Letras, 2022.

Palavras: "choração"
DIDI-HUBERMAN, Georges. *Que emoção! Que emoção?* Trad. de Cecília Ciscato. São Paulo: Editora 34, 2016.

Sonho "coletiva"
GARCIA, Marília. *Sonho 'coletiva'* [fotos]. Disponível em: <https://www.mariliagarcia.com/reve-generale>. Acesso em: 17 set. 2024.
ROMÃO, Luiza. "Número de registro". *Sangria*. São Paulo: Selo do Burro, 2017.

É preciso desentropiar a casa [metáforas]
BORGES, Jorge Luis. "A metáfora". In: *Esse ofício do verso*. Trad. de José Marcos Macedo. São Paulo: Companhia das Letras, 2000. p. 29.
KINZO, Carla. "wabi sabi". In: *Satélite*. São Paulo: Quelônio, 2018.
LOPES, Adília. "Louvor do lixo". In: *A mulher-a-dias*. Lisboa: &etc., 2002. p. 13.
_____. "Anti-nazi". In: *César a César*. Lisboa: &etc., 2003.
SZYMBORSKA, Wislawa. "Fim e começo". In: *Poemas*. Trad. de Regina Przybycien. São Paulo: Companhia das Letras, 2011. pp. 96-7.

Fábrica de imagens
AUDEN, W.H. *Poemas*. Trad. de José Paulo Paes e João Moura Jr. São Paulo: Companhia das Letras, 2013.
FRIAS, Joana Matos. "Écfrase: 10 aporias". *Revista eLyra*, n. 8, dez. 2016. Porto, Rede Internacional LyraCompoetics e Instituto de Literatura Comparada Margarida Losa. Disponível em: <https://www.elyra.org/index.php/elyra/article/view/150/168>. Acesso em: 13 set. 2024.
PLATH, Sylvia. "Duas visões de uma sala de cadáveres". In: *Poesia reunida*. Trad. de Marília Garcia. São Paulo: Companhia das Letras, 2023.
SZYMBORSKA, Wislawa. "Fotografia de 11 de setembro". In: *Um passo da arte eterna*. Trad. de Teresa Fernandes Swiatkewicz. Lisboa: Esfera do Caos, 2013.
WILLIAMS, William Carlos. "II. Paisagem com queda de Ícaro". In: *A cidade esquecida e outros poemas*. Trad. de José Paulo Paes. São Paulo: Companhia das Letras, 2023. p. 283.

INVENTÁRIO DE DESTRUIÇÕES (ARTE POÉTICA)

CARNEIRO, Dulce. "Minha obra, minhas regras". Rádio Novelo. Episódio 76, maio 2024. Disponível em: <https://radionovelo.com.br/originais/apresenta/minha-obra-minhas-regras>. Acesso em: 16 set. 2024.
LEFEBVRE, Henri. *Les Unités perdues*. Paris: Manuella Editions, 2011.
LOPES, Adília. Entrevista para Denira Rozário. In: *Palavra de poeta*. Rio de Janeiro: Bertrand Brasil, 1999.
WATIER, Eric. *Inventário de destruições*. Trad. de Fabio Morais. Florianópolis: par(ênt)esis, 2014.
_____. *l'inventaire des destructions*. Disponível em: <https://linventairedesdestructions.tumblr.com>. Acesso em: 16 set. 2024.

ESCREVER COM UMA TESOURA

Escrever com uma tesoura

CAMARGO, Maria Lucia Barros. *Atrás dos olhos pardos: Uma leitura da poesia de Ana Cristina Cesar.* Chapecó: Argos, 2003.

CESAR, Ana Cristina. "[lendo ferlinghetti não penso]". In: *Poética.* São Paulo: Companhia das Letras, 2013. p. 373.

COMPAGNON, Antoine. "O homem da tesoura". In: *O trabalho da citação.* Trad. de Cleonice P. B. Mourão. Belo Horizonte: Editora UFMG, 2007. p. 30.

DOMENECK, Ricardo. "Quadrilha irritada". *Revista Modo de Usar.* Disponível em: <https://www.youtube.com/watch?v=4-cwLsIyX4Q>. Acesso em: 16 set. 2024.

FERLINGHETTI, Lawrence. "Lendo Yeats não penso...". Trad. de Nelson Asher. In: *Vida sem fim: As minhas melhores poesias.* São Paulo: Editora Brasiliense, 1984. p. 36.

IORIO, Maria Isabel. "Virilha". In: *Em que pensaria quando estivesse fugindo.* São Paulo: Urutau, 2016. p. 18.

MELO NETO, João Cabral. "Os três mal-amados". In: *Serial e antes.* Rio de Janeiro: Nova Fronteira, 1997. pp. 19-27.

SÜSSEKIND, Flora. *Até segunda ordem não me risque nada.* Rio de Janeiro: 7Letras, 1996.

Quase poesia

ALFERI, Pierre; CADIOT, Olivier. "La Mécanique lyrique". *Revue de Littérature Générale n. 1.* Paris: POL, 1995.

CAMPOS, Augusto de. "Não". In: *Não.* São Paulo: Perspectiva, 2009. Disponível em: <https://fotografia.folha.uol.com.br/galerias/1691525033227854-leia-poema-nao-de-augusto-de-campos>. Acesso em: 15 set. 2024.

KRAUSS, Rosalind. "A escultura no campo ampliado". Trad. de Elizabeth Carbone Baez. *Arte & Ensaios*, v. 17, n. 17. Rio de Janeiro: UFRJ, 2008. Disponível em: < https://revistas.ufrj.br/index.php/ae/article/view/52118>. Acesso em: 15 set. 2024.

MORAIS, Fabio. *Escrita expográfica*. Florianópolis: par(ênt)esis, 2020.

Três artistas: Entre texto e imagem

LEITE, Luiza. "Música maravilhosa do cinema vol. 2". *Revista Organismo 6*. Org. de Rita Santana e Marília Garcia. Salvador: Editora Segundo Selo, 2018.

MAYER, Bernadette. *As Helenas de Troia, NY*. Trad. de Mariana Ruggieri. São Paulo: Jabuticaba, 2018.

SIMON, Taryn. "Inventário norte-americano das coisas escondidas e desconhecidas". Trad. de Marília Garcia. *Revista Grampo Canoa 4*. São Paulo: Luna Parque, 2018.

Três mulheres: Três Ls

BARROS, Lenora de. "Poema". In: *Onde se vê*. São Paulo: Klaxon, 1983.

_____. *Homenagem a George Segal*. Disponível em: https://acervo.mam.org.br/ficha.aspx?ns=216000&id=4414&c=objetos&lang=BR Acesso em: 16 set. 2024.

KAPLAN, Leslie. "Translating is Sexy". In: GARCIA, Marília. *Um teste de resistores*. Rio de Janeiro: 2014. p. 99.

MENEZES, Lu. "Cola com anticolas". In: *Onde o céu descasca*. Rio de Janeiro: 7Letras, 2011.

A rua deserta e dentro de casa

SÜSSEKIND, Flora. *Papéis colados*. Rio de Janeiro: Editora UFRJ, 1993.

XAVIER, Valencio. *O mez da grippe e outros livros*. São Paulo: Companhia das Letras, 1998.

Bonecas russas

CLAYTON, Lenka. *QQQQQQ* (*"Qaeda, Quality, Question, Quickly, Quickly, Quiet"*), 2002. Disponível em: <https://www.lenkaclayton.com/qaeda-quality-question-quickly-quickly-quiet>. Acesso em: 15 set. 2024.

FRANKEL, Roy David. *Sessão*. São Paulo: Luna Parque, 2017.

GOLDSMITH, Kenneth. *Trânsito*. Dublagem de Leonardo Gandolfi e Marília Garcia. São Paulo: Luna Parque, 2016.

LE LIONNAIS, François. "La Lipo (le premier Manifeste)". In: *Oulipo: La Littérature potentielle*. Paris: Gallimard, 2014. p. 16.

LEIBOVICI, Franck. *Portraits chinois*. Dijon: Les Presses du Réel, 2007.

Em uma ilha de edição

ANDRADE, Oswald. "História do Brasil". In: *Poesias reunidas*. São Paulo: Companhia das Letras, 2017.

BENJAMIN, Walter. "Imagens do pensamento". In: *Obras escolhidas*. V. 2: Rua de mão única. Trad. de Rubens Rodrigues Torres Filho e José Carlos Martins Barbosa. São Paulo: Brasiliense, 1987. pp. 239-40.

CAMPOS, Haroldo de. "Uma poética da radicalidade". In: ANDRADE, Oswald. *Poesias reunidas*. São Paulo: Companhia das letras, 2017.

COSTA LIMA, Luiz. *Pensando nos trópicos*. Rio de Janeiro: Rocco, 1991.

HOCQUARD, Emmanuel. *Ma haie: Un privé à Tanger II*. Paris: POL, 2001. p. 270.

_____. *Élégies*. Paris: POL, 1990.

_____; CADIOT, Olivier. *Annuaire de la villa médici*. Roma: Edizione Carte Segrete, 1986-87.

MANNO, Yves de. *Endcote*. Paris: Flammarion, 1999. p. 84.

MOTTA, Aline. *A água é uma máquina do tempo*. São Paulo: Círculo de Poemas, 2022.

_____. "A água é uma máquina do tempo". *Revista eLyra – Poesia e Arquivo*, n. 18, pp. 333-7, dez. 2021. Disponível em: <https://elyra.org/index.php/elyra/article/view/422/457>. Acesso em: 16 set. 2024.

REZNIKOFF, Charles. *Testimony*. V. 1. Santa Barbara: Black Sparrow Press, 1979.

DIÁLOGOS/ LEITURAS

Isto é só um happening. Acaba quando eu me for embora (Adília Lopes)

LOPES, Adília. *Antologia*. São Paulo; Rio de Janeiro: Cosac Naify; 7Letras, 2002.

_____. *Dobra. Poesia reunida: 1983-2021*. São Paulo: Autores e ideias: Assírio & Alvim, 2024.

_____. Depoimento publicado na revista Inimigo Rumor 20. São Paulo; Rio de Janeiro: Cosac Naify; 7Letras, 2010.

MANTOVANI, Rafael. "Adília Lopes". In: *Cão*. São Paulo: Hedra, 2011. p. 20.

MARTELO, Rosa Maria; PIZARRO, Jeronimo; MEDEIROS, Paulo de. "Apresentação". *Revista eLyra – Adília Lopes, o Visível e o Invisível*, n. 14, dez. 2019. Disponível em: <https://elyra.org/index.php/elyra/issue/view/18>. Acesso em: 15 set. 2024.

MORICONI, Italo. *Como e por que ler a poesia brasileira do século XX*. Rio de Janeiro: Objetiva, 2002.

SOUSA SILVA, Sofia de (org.). In: LOPES, Adília. *Aqui estão as minhas contas: Antologia poética*. Rio de Janeiro: Bazar do Tempo, 2019.

SÜSSEKIND, Flora. "Com outra letra que não a minha". In: LOPES, Adília. *Antologia*. São Paulo; Rio de Janeiro: Cosac Naify; 7Letras, 2002.

País dos caracóis (homenagem a Chico Alvim)

ALVIM, Francisco. *Poemas (1968-2000)*. São Paulo; Rio de Janeiro: Cosac Naify; 7Letras, 2004.

_____; MAROVATTO, Mariano. *Vinte e cinco poemas*. São Paulo: Luna Parque, 2015.

MENEZES, Lu. *Francisco Alvim*. Rio de Janeiro: Eduerj, 2013. (Ciranda da Poesia.)

SCHWARZ, Roberto. "O país do elefante". *Caderno Mais!, Folha de S. Paulo*, 10 de março de 2002. Disponível em: <https://www1.folha.uol.com.br/fsp/mais/fs1003200204.htm>. Acesso em: 16 set. 2024.

Ao som da agulha de Ledusha
CACASO, *Coleção Capricho*. In: *Não quero prosa*. Rio de Janeiro; Campinas: Editora UFRJ; Editora Unicamp, 1997.
FILHO, Antonio Gonçalves. "A poesia já faz best seller". *Folha de S.Paulo*, 15 jan. 1984.
HOLLANDA, Heloisa Buarque de. "A hora e a vez do Capricho". *Jornal do Brasil*, 16 maio 1981. Disponível em: <memoria.bn.br/DocReader/docreader.aspx?bib=030015_10&pasta=ano%20198&pesq=ledusha&pagfis=24920>. Acesso em: 25 maio 2021.
LEDUSHA. *Risco no disco*. São Paulo: Luna Parque, 2016.
MAIAKÓVSKI. "*A Sierguéi Iessiênin*" (trad. de Haroldo de Campos). In: *Maiakóvski*. Trad. de Boris Schnaiderman, Augusto e Haroldo de Campos. São Paulo: Perspectiva, 2008.
ROCHA, Aline. "A vida entre alôs, beijos, cacos e discos". *Revista Alére*, Programa de Pós-graduação em Estudos Literários (PPGEL), ano 9, v. 14, n. 2, 2016. Disponível em: <periodicos.unemat.br/index.php/alere/article/view/1933/1732>. Acesso em: 16 set. 2024.

Doppler, eco (Ben Lerner)
LERNER, Ben. *Ângulo de guinada*. Trad. de Ellen Maria Vasconcelos. e-Galáxia, 2015.
____. "Ódio pela poesia". Trad. de Leonardo Fróes. *Revista Serrote 25*. São Paulo: Instituto Moreira Salles (IMS), 2017.
____. *Percurso livre médio*. Trad. de Maria Cecília Brandi. São Paulo: Jabuticaba, 2020.
WISNIK, Guilherme. *Dentro do nevoeiro*. São Paulo: Ubu, 2018.

Hélas (Baudelaire)

APOLLINAIRE, Guillaume. "Introdução". In: BAUDELAIRE, Charles. *As flores do mal*. Trad. de Júlio Castañon Guimarães. São Paulo: Companhia das Letras, 2019.

BAUDELAIRE, Charles. *As flores do mal*. Trad. de Júlio Castañon Guimarães. São Paulo: Companhia das Letras, 2019.

_____. *As flores do mal*. Trad. de Maria Gabriela Llansol. Lisboa: Relógio d'Água, 2003. p. 195.

_____. *As flores do mal*. Trad. de Ivan Junqueira. Rio de Janeiro: Nova Fronteira, 2006. p. 301.

Pelos olhos de Flush (Virgínia Woolf)

STEIN, Gertrude. "A questão da Identidade: uma peça". Trad. de Inês Cardoso. Disponível em: <https://revistamododeusar.blogspot.com/2012/11/gertrude-stein-ciclo-critico-ver-ouvir.html>. Acesso em: 16 set. 2024.

BROWNING, Elizabeth Barrett. *Sonetos da portuguesa*. Trad. de Leonardo Fróes. Rio de Janeiro: Rocco, 2011.

WOOLF, Virgínia. *Flush*. Trad. de Jorio Dauster. São Paulo: Companhia das Letras, 2020.

A luz, uma tampinha de garrafa (Hilda Hilst)

HILST, Hilda. *A obscena senhora D*. São Paulo: Companhia das Letras, 2020.

CAMPOS, Augusto de. "Gertrude é uma Gertrude". In: *O anticrítico*. São Paulo: Companhia das Letras, 1986.

Continuar, continuar (Ana Estaregui)

ESTAREGUI, Ana. *Coração de boi*. Rio de Janeiro: 7Letras, 2016.

_____. *Chá de jasmim*. São Paulo: Patuá, 2014.

QUINTANE, Natalie. *Remarques*. Devesset: Cheyne Éditeur, 1997.

Rabo de baleia (Alice Sant'Anna)
SANT'ANNA, Alice. *Rabo de baleia*. São Paulo: Cosac Naify, 2013.
DERRIDA, Jacques. *O animal que logo sou*. Trad. de Fábio Landa. São Paulo: Editora Unesp, 2002.

Um recado na secretária eletrônica (para Victor Heringer)
HERINGER, Victor. *Não sou poeta*. São Paulo: Companhia das Letras, 2024.
____. "Oi, você sumiu". Disponível em: <https://www.youtube.com/watch?v=zFlps3TnUOk>. Acesso em: 16 set. 2024.

ABRINDO A ESCOTILHA, FECHANDO A CIDADELA

Abrindo a escotilha, fechando a cidadela
ELIAS, OLIVIA. *Chaos, Crossing*. Trad. de Kareem James Abu-Zeid. Nova York: Word Poetry Books, 2022.
____. "Abordagem científica", "Cada noite, manhã", "Descansando sob uma macieira". Trad. de Marília Garcia. *Revista Morel 10*. São Paulo: Ipsis, 2023.
SOULEIMANE, Fadwa. *À la Pleine Lune*. Trad. de Nabil El Azan. Le Mesnil Mauger: Le Soupirail, 2014.
TZVIETAIEVA, Marina. "A recusa de Tzvietáieva." Trad. de Augusto de Campos. In: CAMPOS, Augusto de. *Poesia da recusa*. São Paulo: Perspectiva, 2006.

Um leão por dia
CARSON, Anne. "Hokusai". In: *Men in the Off Hours*. Londres: Cape Poetry, 2000. p. 15.
CANETTI, Elias. *O outro processo*. Trad. de Herbert Caro. Rio de Janeiro: Garamond, 2002.
SALOMÃO, Waly. *Poesia total*. São Paulo: Companhia das Letras, 2014.

Como o chocolate, a poesia
MAYER, Bernadette. "Chocolate Poetry Sonnet". In: *Poetry State Forest*. Nova York: New Directions Poetry, 2008. p. 3.

HOUART, Bénédicte. "[*com os direitos de autor*]". In: *Aluimentos*. Lisboa: Cotovia, 2009. p. 42.

SISCAR, Marcos. *Poesia e crise*. Campinas: Editora Unicamp, 2010.

Algo de bom no mundo da poesia
CACASO. *Lero-lero*. São Paulo; Rio de Janeiro: Cosac Naify; 7Letras, 2002.

_____. "História natural". In: *Poesia completa*. São Paulo: Companhia das Letras, 2020.

GARCIA, Marília "tzaratzaratzaratzara...". In: *Um teste de resistores*. Rio de Janeiro: 7Letras, 2014.

MAROVATTO, Mariano. *Inclusive, aliás: A trajetória intelectual de Cacaso e a vida cultural brasileira de 67 a 87*. Rio de Janeiro: 7Letras, 2015.

Escavar e recordar
DIDI-HUBERMAN, Georges. *Cascas*. Trad. de André Telles. São Paulo: Editora 34, 2017. p. 67.

GULLAR, Ferreira. Texto de contracapa do disco. *Manhã de liberdade*, de Nara Leão. Phillips, 1966.

TERRA, Renato; CALIL, Ricardo (dir.). *Narciso em férias*. Uns Produções e Filmes; VideoFilmes, 2020.

VELOSO, Caetano. *Verdade tropical*. São Paulo: Companhia das Letras, 2017.

Atrasos
AFONSO, Zeca. *Grândola, vila morena (single)*. Orfeu, 1973.

BRECHT, Bertold. "Antígona". Trad. de Angelika E. Köhnke e Christine

Roehrig In: *Teatro completo*. V. 10. Rio de Janeiro: Paz e Terra, 1993. p. 204.

VERLAINE, Paul. "Chanson d'automne". In: *Poèmes saturniens*. Paris: Gallimard, 2010.

"Déjala llorar"
CAMPOS, Augusto de. "Caracol". In: *Viva a vaia: Poesia*. São Paulo: Perspectiva, 1979.

_____; CAMPOS, Lygia de Azeredo. "Caracol". In: *Grupo noigandres. Arte concreta paulista*. Org. Lenora de Barros e João Bandeira. São Paulo: Cosac Naify e Centro Universitário Maria Antonia, 2002. Disponível em: <https://soundcloud.com/marilia-garcia-205759923/caracol>. Acesso em: 17 set. 2024.

MALDONADO, Etelvina. "Déjala llorar". Disponível em: <https://www.youtube.com/watch?v=ABMGbR_fskw>. Acesso em: 17 set. 2024.

PASSÔ, Grace. "República". *Programa convida: Grace Passô*, Instituto Moreira Salles, 2020. Disponível em: <https://vimeo.com/423769303>. Acesso em: 17 set. 2024.

SALCEDO, Doris. *Shibbolleth*. Disponível em: <https://www.tate.org.uk/art/artists/doris-salcedo-2695/doris-salcedo-shibboleth>. Acesso em: 17 set. 2024.

Trabalhar para não fragmentar
BOURGEOIS, Louise. *Destruição do pai, reconstrução do pai*. Trad. de Álvaro Machado e Luiz Roberto Mendes Gonçalves. São Paulo: Cosac Naify, 2000.

LIHN, Enrique. "Limitaciones del language". In: *Diario de muerte*. México, DF: Practica Mortal, 1996. p. 20.

Agradecimentos

Antes de mais nada, um agradecimento ao Joca Reiners Terron e ao Diogo Medeiros pelo convite para este livro, sem o qual ele não existiria.

    Agradeço também a outros editores: ao Paulo Sant'Anna, pelo convite para escrever no Blog da Companhia, no qual foram publicados vários textos aqui reunidos, e aos editores Enrico Weg (do blog) e Alice Sant'Anna (da Companhia das Letras); ao Schneider Carpeggiani, do *Suplemento Pernambuco*, no qual saíram os textos sobre Adília Lopes, Ledusha e Ben Lerner; e ao Carlos Franco, da revista *Zum*, pelo convite para escrever o texto "É bom morar no azul", publicado na revista e escrito originalmente em diálogo com a obra "Polaridades", de Anna Bella Geiger.

    Agradeço à Regina Melim, por me fazer chegar ao trabalho de Dulce Carneiro; agradeço aos alunos que acompanharam minhas disciplinas e oficinas, nas quais ensaiamos alguns movimentos e tópicos levantados aqui; e ao Leonardo Gandolfi, sempre meu leitor de primeira hora.

    Agradeço aos colaboradores do texto "Inventário das destruições", escrito todo a partir das histórias que eles compartilharam comigo; e aos autores, herdeiros e titulares dos direitos dos poemas citados na íntegra neste livro que autorizaram a reprodução de seus textos.

Este livro foi composto na fonte PP Mori e Silva Text
e impresso pela gráfica Printi, em papel Lux Cream 60 g/m²,
para a Editora WMF Martins Fontes, em abril de 2025.